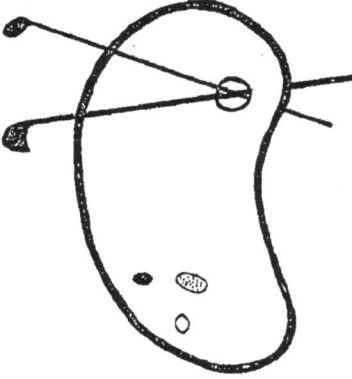

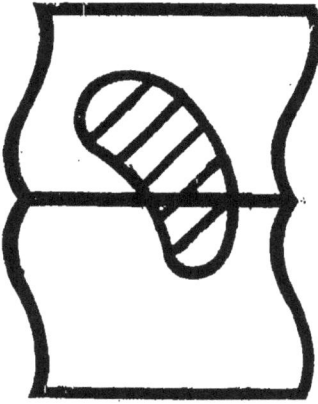

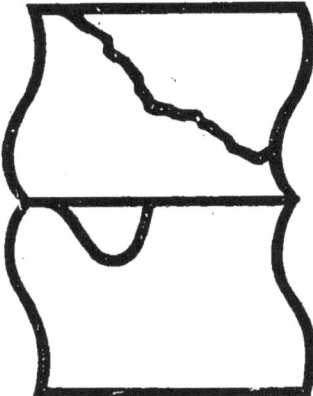

BIBLIOTHÈQUE
DE PHILOSOPHIE CONTEMPORAINE

LA MORALE

DES

PHILOSOPHES CHINOIS

Extraits
des livres classiques de la Chine et de l'Annam

PAR

J.-L. DE LANESSAN

Professeur agrégé d'Histoire naturelle à la Faculté de médecine de Paris,
Ancien gouverneur général de l'Indo-Chine.

PARIS

ANCIENNE LIBRAIRIE GERMER BAILLIÈRE ET Cie

FÉLIX ALCAN, ÉDITEUR

108, BOULEVARD SAINT-GERMAIN, 108

1896

BIBLIOTHÈQUE DE PHILOSOPHIE CONTEMPORAINE
125 volumes in-18; chaque vol. broché : 2 fr. 50 c.

EXTRAIT DU CATALOGUE

H. Taine.
losophie de l'art dans les ays-Bas. 2ᵉ édit.

Paul Janet.
Matérialisme cont. 6ᵉ éd.
los. de la Rév. franc. 4ᵉ éd.
imon et le St-Simonisme.
origines du socialisme ontemporain. 3ᵉ édit.
philosophie de Lamennais.

Ad. Franck.
os. du droit pénal. 4ᵉ éd.
religion et l'État. 2ᵉ édit.
osophie mystique au XVIIIᵉ ècle.

Schœbel.
osophie de la raison pure.

Saigey.
Physique moderne. 2ᵉ éd.

E. Faivre.
la variabilité des espèces.

J. Stuart Mill.
uste Comte. 4ᵉ édit.
ilitarisme. 2ᵉ édit.

Ernest Bersot.
e philosophie.

Herbert Spencer.
sification des scienc. 5ᵉ éd.
lividu contre l'État. 4ᵉ éd.

Th. Ribot.
sych. de l'attention. 3ᵉ éd.
hilos. de Schopen. 6ᵉ éd.
Mal. de la mémoire. 10ᵉ éd.
Mal. de la volonté. 9ᵉ éd.
Mal. de la personnalité 5ᵉ éd.

Hartmann (E. de).
religion de l'avenir. 4ᵉ éd.
arwinisme. 5ᵉ édit.

Schopenhauer.
i sur le libre arbitre. 6ᵉ éd.
l. de la morale. 5ᵉ éd.
ées et fragments. 11ᵉ éd.

H. Marion.
e, sa vie et son œuvre.

L. Liard.
ciens angl. contem. 3ᵉ éd.
itions géomét. 2ᵉ éd.

O. Schmidt.
sciences naturelles et iconscient.

thélemy-St Hilaire.
métaphysique.

Espinas.
sophie expér. en Italie.

Siciliani.
ogénie moderne.

Leopardi.
ules et Pensées.

Roisel.
substance.

Zeller.
Christian Baur et l'École de Tubingue.

Stricker.
Le langage et la musique.

Ad. Coste.
Conditions sociales du bonheur et de la force. 3ᵉ édit.

A. Binet.
La psychol. du raisonnement. 2ᵉ édition.
Introd. à la psychol. expérimentale.

Gilbert Ballet.
Le langage intérieur. 2ᵉ édit.

Mosso.
La peur.
La fatigue. 2ᵉ édit.

G. Tarde.
La criminalité comparée. 2ᵉ éd
Les transform. du droit. 2ᵉ éd.

Paulhan.
Les phénomènes affectifs.
J. de Maistre, sa philosophie.

Ch. Féré.
Dégenerescence et criminal.
Sensation et mouvement.

Ch. Richet.
Psychologie générale. 2ᵉ éd.

J. Delbœuf.
Matière brute et Mat. vivante

L. Arréat.
La morale dans le drame.
Mémoire et imagination.

Vianna de Lima.
L'homme selon le transformisme.

A. Bertrand.
La Psychologie de l'effort.

Guyau.
La genèse de l'idée de temps.

Lombroso.
L'anthropol. criminelle. 3ᵉ éd.
Nouvelles recherches de psychiat. et d'anthropol. crim.
Les applications de l'anthropologie criminelle.

Tissié.
Les rêves (physiol. et path.).

J. Lubbock.
Le bonheur de vivre. (2 vol.)

E. de Roberty.
L'inconnaissable.
Agnosticisme. 2ᵉ édit.
La recherche de l'unité.
Aug. Comte et H. Spencer.

R. Thamin.
Éduc. et positivisme. 2ᵉ édit.

J. Pioger.
Le monde physique.

Georges Lyon.
La philosophie de Hobbes.

Queyrat.
L'imagination et ses variétés chez l'enfant. 2ᵉ édit.
L'abstraction dans l'éducation intellectuelle.
Les caractères et l'éducation morale.

Wundt.
Hypnotisme et suggestion

Fonsegrive.
La causalité efficiente.

P. Carus.
La conscience du moi.

Guillaume de Greef.
Les lois sociologiques. 2ᵉ édit.

Th. Ziegler.
La question sociale est une question morale. 2ᵉ édit.

L. Bridel.
Droit des femmes et mariage

G. Danville.
La psychologie de l'amour.

Gustave Le Bon.
Lois psychol. de l'évolution des peuples. 2ᵉ édit.
Psychologie des foules. 2ᵉ éd.

G. Lefèvre.
Obligat. morale et Idéalisme.

G. Dumas.
Les états intellectuels dans la mélancolie.

Durkheim.
Règles de la méthode sociolog.

P. F. Thomas.
La suggestion et l'éducation.

Dunan.
Théorie psychol. de l'espace.

Mario Pilo.
Psycholog. du beau et de l'art.

R. Allier.
Philosophie d'Ernest Renan.

Lange.
Les émotions, trad. Dumas.

E. Boutroux.
Contingence des Lois de la nature. 2ᵉ édit.

G. Lechalas.
L'espace et le temps.

L. Dugas.
Le Psittacisme.

C. Bouglé.
Les sciences sociales en Allemagne.

Marie Jaëll.
La musique et la psychophysiologie.

Max Nordau.
Paradoxes psychologiques.

J. Lachelier
Du fondement de l'induction.

J.-L. de Lanessan.
Morale des philos. chinois.

Coulommiers. — Imp. Paul BRODARD. — 167-96.

FIN D'UNE SERIE DE DOCUMENTS
EN COULEUR

LA MORALE

DES

PHILOSOPHES CHINOIS

LA MORALE

DES

PHILOSOPHES CHINOIS

EXTRAITE

DES LIVRES CLASSIQUES DE LA CHINE ET DE L'ANNAM

PAR

J.-L. DE LANESSAN

Professeur agrégé d'Histoire naturelle a la Faculté de médecine de Paris
Ancien Gouverneur général de l'Indo-Chine.

PARIS

ANCIENNE LIBRAIRIE GERMER BAILLIÈRE ET Cie

FÉLIX ALCAN, ÉDITEUR

108, BOULEVARD SAINT-GERMAIN, 108

1896

LA MORALE

DES

PHILOSOPHES CHINOIS

———

En publiant cet opuscule je me suis proposé d'abord de mettre en lumière, aux yeux des occidentaux, une philosophie trop peu connue, parce que ses éléments sont épars dans des livres d'une lecture difficile, même à l'aide des meilleures traductions. J'ai pensé aussi qu'il serait utile de placer sous les yeux de nos compatriotes une preuve tangible de l'erreur qu'ils commettent quand ils parlent de la Chine et de l'Annam comme de pays à demi barbares.

L'éducation philosophique dont j'ai dégagé, coordonné, commenté les principes, n'est pas l'apanage d'une élite restreinte de la population annamite ou chinoise, mais celle que le

peuple tout entier reçoit, surtout dans les pays
annamites, où chaque concours comprend jusqu'à dix et douze mille candidats pour une
soixantaine de diplômes de licencié et le
double à peine de diplômes de bachelier.

Les extraits de cette philosophie que je
mets sous les yeux du lecteur français, sont
tirés des livres classiques les plus élémen-
taires ; ils sont gravés dans la mémoire de
tous les étudiants de la Chine et de l'Annam ; ils ornent, en caractères d'or sur des
tablettes de laque, les pagodes élevées aux
génies et les maisons des lettrés.

Jusque dans le plus petit hameau, dans les
écoles ouvertes à tous et fréquentées par tous,
sans que l'instruction soit obligatoire, l'enfant
du paysan et de l'artisan les déchiffre en com-
pagnie des fils du mandarin.

Cette philosophie révèle la tournure d'esprit de la race jaune, au même titre que le
catéchisme et les évangiles décèlent le génie
des peuples chez lesquels le catholicisme
domine. Chinois et Annamites sont aussi
imprégnés de la doctrine de Confucius et de
Mencius que les Français de celle de Jésus.

Toutes les deux ont cela de commun qu'elles se bornent à peu près exclusivement à la partie morale de la philosophie. Toutefois, les philosophes de la Chine et de l'Annam se distinguent de la plupart de ceux des autres nations par l'absence à peu près absolue de toute préoccupation métaphysique. Les questions du libre arbitre, de l'âme, de la divinité et de la vie future ne paraissent pas tenir la moindre place dans leurs méditations. Leur *royaume est de ce monde*, leur morale s'adresse à des hommes dont toute l'existence doit s'écouler sur cette terre et qui, par suite, devront y trouver la récompense de leurs vertus, comme le châtiment de leurs mauvaises actions.

En second lieu, l'homme n'est jamais envisagé par les philosophes chinois comme un individu isolé, susceptible d'être heureux ou malheureux, de jouir ou de souffrir tout seul. Ils ne le comprennent pour ainsi dire pas en dehors de la famille, du village, de la société grande ou petite dont il fait partie, de la nation à laquelle il appartient, du gouvernement qui régit son pays. La doctrine morale dont l'homme devra s'instruire, les règles morales auxquelles il devra obéir, les principes moraux qui éclaireront sa marche dans la vie ne sont pas spéculatifs ; ils ont toujours un objectif pratique, familial et social. Ce n'est pas en vue d'un but plus ou moins lointain, d'une sanction à recevoir dans un autre monde, que les principes de cette morale devront être appliqués, mais, au contraire, en vue de résultats immédiats, dans le lieu même où ils sont enseignés et pratiqués.

Il en résulte que la philosophie chinoise revêt un caractère en quelque sorte plus humain que celui de toute autre morale.

La forme sous laquelle cette doctrine était enseignée, par les philosophes chinois, à leurs disciples, n'est pas sans analogie avec celle qu'employa plus tard le fondateur de la religion chrétienne. C'est dans des conversations familières, parfois même non dépourvues d'humour, entremêlées de récits historiques et de considérations sur des faits locaux, que Confucius et Mencius répandaient leur doctrine. Les grands idées, les propositions morales les plus importantes y sont ressassées sous des formes diverses, jusqu'à ce que le philosophe trouve la formule brève et précise que les disciples devront graver dans leur mémoire, répandre autour d'eux et transmettre à la postérité.

Mon seul rôle a été de dégager ces formules, de les rapprocher les unes des autres pour en bien mettre la signification et la valeur en lumière [1].

J.-L. de LANESSAN.

[1] Les passages des quatre livres de philosophie morale et politique de la Chine *Ta-Hio*, *Tchoun-Young*, *Lun-Yu*, et Meng-Tseu sont empruntés à l'excellente traduction de M. G. Pauthier, publiée dans la bibliothèque Charpentier, sous le titre *Confucius et Mencius*. Chaque citation est accompagnée de la référence correspondante. Nous remercions MM. Charpentier et Fasquelle de nous avoir autorisé à faire ces extraits et nous engageons ceux de nos lecteurs que cet aperçu aura intéressés à lire la traduction complète des quatre livres, dans le volume de M. G. Pauthier.

PREMIÈRE PARTIE

LES FONDEMENTS DE LA MORALE

D'APRÈS LES PHILOSOPHES CHINOIS

Les philosophes chinois admettent que la
« nature de l'homme » est originairement bonne.
Ils considèrent l'homme comme venant au monde
non « souillé par le péché », mais pur et bon,
accessible à tous les principes de la morale et
susceptible d'être amené sans difficulté à la pratique des plus hautes vertus. Mais ils n'ignorent
pas que les germes de corruption abondent dans
le monde et que la « nature bonne » de l'homme
pourra se détériorer à leur contact. D'où la nécessité de diriger l'enfance, de l'éduquer, de l'instruire, de la soustraire aux causes de détériora-
tion qui la menacent. Celles-ci, en souillant la
pureté de la « nature », font perdre à l'homme
tout bonheur; car, aux yeux des philosophes chinois, vertu et bonheur sont deux termes corré-

latifs, ou, pour rendre plus exactement leur pensée, le bonheur est la récompense de la vertu.

La nature de l'homme est naturellement bonne comme l'eau coule naturellement en bas. Il n'est aucun homme qui ne soit naturellement bon, comme il n'est aucune eau qui ne coule naturellement en bas.

Meng-Tseu, Hia-Meng, V, 2.

Les hommes, à leur naissance, ont une nature originairement bonne.

Livre classique des phrases de trois caractères, 1.

Le philosophe dit : la nature de l'homme est droite; si cette droiture du naturel vient à se perdre pendant la vie, on a repoussé loin de soi tout bonheur.

Lun-Yu, VI, 17.

Meng-Tseu dit : Celui qui est un grand homme, c'est celui qui n'a pas perdu l'innocence et la candeur de son enfance.

Meng-Tseu, II, 12.

*
* *

Les philosophes chinois ne croient pas à l'égalité naturelle, morale ou intellectuelle des hommes. Quoique tous naissent avec une « nature bonne », celle-ci diffère beaucoup suivant les individus; mais ni Confucius ni Mencius, ni aucuns de leurs diciples n'en ont indiqué les raisons. Il est seulement permis de déduire de l'ensemble de leur enseignement, que les différences individuelles étaient attribuées par eux, comme par nous, à l'hérédité.

Certains individus privilégiés, mieux doués que les autres, arrivent sans effort à la connaissance des devoirs et à la pratique des vertus ; ce sont les « saints » et « hommes parfaits ».

Le parfait, le vrai, dégagé de tout mélange, est la loi du ciel ; la perfection ou le perfectionnement qui consiste à employer tous ses efforts pour découvrir la loi céleste, le vrai principe du mandat du ciel, est la loi de l'homme. L'homme parfait (ching-tche) atteint cette loi sans aucun secours étranger ; il n'a pas besoin de méditer, de réfléchir longtemps pour l'obtenir ; il parvient à elle avec calme et tranquillité ; c'est là le saint homme (ching-jin).

Tchoung-Young, XX, 17.

*
* *

Ce sont les « saints hommes » qui ont transmis à la postérité tous les métiers, les arts, les principes de la morale et ceux du gouvernement.

Lorsque les saints hommes eurent épuisé toutes les facultés de leurs yeux, ils transmirent à la postérité le compas, la règle, le niveau et l'aplomb, pour former les objets carrés, ronds, plans et droits ; et ces instruments n'ont pas encore pu être remplacés dans l'usage. Lorsqu'ils eurent épuisé, dans toute son étendue, leur faculté de l'ouïe, ils transmirent à la postérité les six *liu* ou règles de musique qui rectifient les cinq sons ;

et ces règles n'ont pas encore pu être remplacées dans l'usage. Lorsqu'ils eurent épuisé toutes les facultés de leur intelligence, toutes les inspirations de leur cœur, ils transmirent à la postérité les fruits de leurs méditations, en lui léguant un mode de gouvernement qui ne permet pas de traiter cruellement les hommes, et l'humanité s'étendit sur tout l'empire.

Meng-Tseu, I, 1.

*
* *

Les « sages » qui prennent le second rang parmi les hommes, après les « saints » et au dessus des « hommes vulgaires », sont susceptibles d'atteindre le même but que les « saints hommes », mais pour cela, ils doivent se livrer à des études prolongées et faire des efforts incessants. C'est seulement ainsi qu'ils parviennent à « s'identifier avec la loi du devoir ».

Celui qui tend constamment à son perfectionnement est le sage qui sait distinguer le bien du mal, qui choisit le bien et s'y attache fortement pour ne jamais le perdre.

Il doit beaucoup étudier pour apprendre tout ce qui est bien ; il doit interroger avec discernement pour chercher à s'éclairer dans tout ce qui est bien ; il doit veiller soigneusement sur tout ce qui est bien, de crainte de le perdre, et le méditer dans son âme ; il doit s'efforcer toujours de connaître tout ce qui est bien et avoir grand soin de le distinguer de tout ce qui est

mal ; il doit ensuite fermement et constamment pratiquer ce bien.

Tchoung-Young, XX, 17-18.

*\
* *

Le « sage » ne s'arrête jamais dans l'étude des
lois et des devoirs. Il ne se borne pas à la pratique
des vertus communes, il s'adonne à une recherche
incessante des lois non encore déterminées et il
s'affermit chaque jour davantage dans l'accomplissement des devoirs et la pratique des vertus.

C'est pour cela aussi que le sage, identifié avec la loi
du devoir, cultive avec respect sa nature vertueuse,
cette raison droite qu'il a reçue du ciel et qu'il s'attache
à rechercher et à étudier attentivement ce qu'elle lui
prescrit. Dans ce but, il pénètre jusqu'aux dernières
limites de sa profondeur et de son étendue, pour saisir
ses préceptes les plus subtils et les plus inaccessibles
aux intelligences vulgaires. Il développe au plus haut
degré les hautes et pures facultés de son intelligence
et il se fait une loi de suivre toujours les principes de
la droite raison. Il se conforme aux lois, déjà recon-
nues et pratiquées anciennement, de la nature vertueuse
de l'homme et il cherche à en connaître de nouvelles,
non encore déterminées ; il s'attache avec force à tout
ce qui est honnête et juste, afin de réunir en soi la pratique des rites qui sont l'expression de la loi céleste.

Tchoung-Young, XXVII, 6.

*\
* *

Tous les hommes parvenus à la connaissance des devoirs et à la pratique des vertus forment la phalange des « hommes supérieurs » que les philosophes chinois opposent, en toutes circonstances, aux « hommes vulgaires ».

L'homme supérieur se distingue de tous les autres, même par son attitude extérieure.

Ce qui constitue la nature de l'homme supérieur : l'humanité, l'équité, l'urbanité, la prudence, ont leur fondement dans le cœur. Ces attributs de notre nature se produisent dans l'attitude, apparaissent dans les traits du visage, couvrent les épaules et se répandent dans les quatre membres ; les quatre membres les comprennent sans les enseignements de la parole.

Meng-Tseu, VII, 21.

* *

Les qualités morales qui distinguent « l'homme supérieur » sont très bien décrites dans le passage suivant du *Lun-Yu* :

Khoung-Tseu dit : L'homme supérieur ou l'homme accompli dans la vertu, a neuf sujets principaux de méditation : en regardant, il pense à s'éclairer ; en écoutant, il pense à s'instruire ; dans son air et son attitude, il pense à conserver du calme et de la sérénité ; dans sa contenance, il pense à conserver toujours de la gravité et de la dignité ; dans ses paroles, il pense à conserver toujours de la fidélité et de la sincérité ; dans ses actions, il pense à s'attirer toujours du respect ;

dans ses doutes, il pense à interroger les autres ; dans la colère, il pense à réprimer ses mouvements ; en voyant des gains à obtenir, il pense à la justice.

Lun-Yu, XVI, 10.

*
* *

Les termes « homme supérieur » et « lettré » sont, comme ceux de « sage » et de « philosophe », volontiers employés les uns pour les autres dans les livres classiques. Cela est rationnel puisque, d'après la doctrine des philosophes chinois, l'éducation et l'instruction peuvent seules conduire à l'état moral qui caractérise « l'homme supérieur ».

Tseu-Koung fit une question en ces termes : Pourquoi Khoung-Wen-Tseu est-il appelé lettré ou d'une éducation distinguée ? le philosophe dit : Il est intelligent et il aime l'étude ; il ne rougit pas d'interroger ses inférieurs (pour en recevoir d'utiles informations) ; c'est pour cela qu'il est appelé lettré ou d'une éducation distinguée.

Lun-Yu, V, 14.

*
* *

L'homme supérieur a des devoirs considérables à remplir envers les autres hommes ; sa place est difficile à tenir ; il devient facilement, comme disait Jésus, « un sujet de scandale », mais il sert aussi de modèle et d'exemple.

Tseu-Koung dit : les erreurs de l'homme supérieur sont comme des éclipses du soleil et de la lune. S'il commet des fautes, tous les hommes les voient ; s'il se corrige, tous les hommes le contemplent.

Tseu-Koung dit : L'homme supérieur, par un seul mot qui lui échappe, est considéré comme très éclairé sur les principes des choses ; et par un seul mot, il est considéré comme ne sachant rien. Il doit donc mettre une grande circonspection dans ses paroles.

Lun-Yu, XIX, 21-25.

Thseng-Tseu dit : les lettrés ne doivent pas ne pas avoir l'âme ferme et élevée, car leur fardeau est lourd et leur route longue.

L'humanité est le fardeau qu'ils ont à porter : n'est-il pas en effet bien lourd et bien important ? C'est à la mort seulement qu'on cesse de le porter ; la route n'est elle pas bien longue ?

Lun-Yu, VIII, 7.

*
* *

Instruire les hommes est, aux yeux des philosophes chinois, le plus grand honneur auquel on puisse aspirer et le devoir le plus impérieux de ceux qui sont susceptibles de le remplir ; aussi « l'homme supérieur » qu'ils appellent fréquemment « l'homme parfait » doit-il travailler au perfectionnement des autres hommes, en les instruisant.

L'homme parfait ne se borne pas à se perfectionner

lui-même et s'arrêter ensuite ; c'est pour cette raison
qu'il s'attache a perfectionner aussi les autres êtres.
Se perfectionner soi-même est, sans doute, une vertu ; -
perfectionner les autres êtres est une haute science ;
ces deux perfectionnements sont des vertus de la nature
ou de la faculté rationnelle pure. Réunir le perfectionnement extérieur et le perfectionnement intérieur constitue la règle du devoir. C'est ainsi que l'on agit convenablement selon les circonstances.

Tchoung-Young, XXV, 3.

* *

·L homme instruit et « parfait » n'a pas seulement pour devoir d'instruire et d'améliorer les
autres hommes, il est encore naturellement dési-
gné pour les gouverner.

Il n'y a dans l'univers que l'homme souverainement
saint qui, par la faculté de connaitre à fond et de
comprendre parfaitement les lois primitives des êtres
vivants, soit digne de posséder l'autorité souveraine et
de commander aux hommes ; qui, par sa faculté
d'avoir une âme grande, magnanime, affable et douce,
soit capable de posséder le pouvoir, de répandre des
bienfaits avec profusion ; qui, par sa faculté d'avoir une
âme élevée, ferme, imperturbable et constante, soit
capable de faire régner la justice et l'équité ; qui, par
sa faculté d'être toujours honnête, simple, grave, droit
et juste, soit capable de s'attirer le respect et la vénération ; qui, par sa faculté d'être revêtu des ornements
de l'esprit et des talents que procure une étude assidue
et de ces lumières que donne une exacte investigation

des choses les plus cachées, des principes les plus subtils, soit capable de discerner avec exactitude le vrai
du faux, le bien du mal.

Ses facultés sont si amples, si vastes, si profondes,
que c'est comme une source immense d'où tout sort
en son temps.

Elles sont vastes et étendues comme le ciel; la source
cachée d'où elles découlent est profonde comme
l'abîme. Que cet homme souverainement saint appa-
raisse avec ses vertus et ses facultés puissantes, et les
peuples ne manqueront pas de lui témoigner leur
vénération ; qu'il parle, et les peuples ne manqueront
pas d'avoir foi en ses paroles; qu'il agisse, et les peuples
ne manqueront pas d'être dans la joie.

C'est ainsi que la renommée de ses vertus est un
océan qui inonde l'empire de toutes parts ; elle s'étend
même jusqu'aux barbares des régions méridionales et
septentrionales; partout où les vaisseaux et les chars
peuvent aborder, où les forces de l'industrie humaine
peuvent faire pénétrer, dans tous les lieux que le ciel
couvre de son dais immense, sur tous les points que la
terre enserre, que le soleil et la lune éclairent de leurs
rayons, que la rosée et les nuages du matin fertilisent,
tous les êtres humains qui vivent et qui respirent ne
peuvent manquer de l'aimer et de le révérer. C'est
pourquoi il est dit : Que ses facultés, ses vertus puissantes l'égalent au ciel.

Tchoung-Young, XXXI, 1.

*
* *

Dans la très belle page suivante, le philosophe
chinois met bien en relief la différence qui existe,

dans sa pensée, entre « l'homme supérieur », c'est-
à-dire l'homme instruit et devenu vertueux par
l'instruction, et « l'homme vulgaire » ou grossier,
sans éducation, dépourvu des hautes qualités
morales que l'étude seule peut donner.

Je suppose ici un homme qui me traite avec grossièreté et brutalité; alors en homme sage, je dois faire
un retour sur moi-même et me demander si je n'ai
pas été inhumain, si je n'ai pas manqué d'urbanité ;
autrement, comment ces choses me seraient-elles
arrivées?

. Si après avoir fait un retour sur moi-même, je trouve
que j'ai été humain ; si, après un nouveau retour sur
moi-même, je trouve que j'ai eu de l'urbanité, la brutalité et la grossièreté dont j'ai été l'objet existant toujours, en homme sage, je dois de nouveau descendre
en moi-même et me demander si je n'ai pas manqué
de droiture.

Si, après cet examen intérieur, je trouve que je n'ai
pas manqué de droiture, la grossièreté et la brutalité
dont j'ai été l'objet existant toujours, en homme sage
je me dis : Cet homme qui m'a outragé n'est qu'un
extravagant, et rien de plus. S'il en est ainsi, en quoi
diffère-t-il de la bête brute ? Pourquoi donc me tour-
menterai-je à propos d'une bête brute ?

C'est pour ce motif que le sage est, toute sa vie, intérieurement plein de sollicitude (pour faire le bien) sans
qu'aucune peine (ayant une cause extérieure) l'affecte
pendant la durée du matin.

Meng-Tseu, II, 28.

Le très grand prix attaché par les philosophes chinois à l'instruction se manifeste avec éclat dans les propositions suivantes où se montre, en même temps, leur dédaigneux mépris pour les ignorants.

Le philosophe dit : Ceux qui ne font que boire et manger pendant toute la journée, sans employer leur intelligence à quelque objet digne d'elle, font pitié. N'y a-t-il pas le métier de bateleur ? Qu'ils le pratiquent, ils seront des sages en comparaison.

Lun-Yu, XXII, 22.

Les hommes ont en eux le principe de la raison ; mais si, tout en satisfaisant leur appétit, en s'habillant chaudement, en se construisant des habitations commodes, ils manquent d'instruction, alors ils se rapprochent beaucoup des brutes.

Meng-Tseu, V, 4.

Le philosophe dit : Dès l'instant qu'un enfant est né il faut respecter ses facultés ; la science qui lui viendra par la suite ne ressemble en rien à son état présent. S'il arrive à l'âge de quarante ou de cinquante ans sans avoir rien appris, il n'est plus digne d'aucun respect.

Lun-Yu, IX, 22.

Youan-jang (un ancien ami du philosophe), plus âgé que lui, était assis sur le chemin, les jambes croisées. Le philosophe lui dit : Étant enfant, n'avoir pas eu de déférence fraternelle ; dans l'âge mûr, n'avoir rien fait de louable ; parvenu à la vieillesse, ne pas mourir : c'est être un vaurien. Et il lui frappa les jambes avec son bâton.

Lun-Yu, XIV, 46.

∗
∗ ∗

L'inégalité naturelle qui existe entre les hommes s'accentue sous l'influence des diverses conditions de la vie et surtout par l'éducation.

Le philosophe dit : Par la nature, nous nous rapprochons beaucoup les uns des autres ; par l'éducation, nous devenons très éloignés.

Lun-Yu, XVII, 2.

∗
∗ ∗

Malgré l'inégalité naturelle, tout homme peut, par un travail opiniâtre et une étude assidue, par l'application de l'intelligence à la recherche de « la loi du devoir », arriver à la connaissance et à la pratique de la vertu et, par conséquent, devenir un « sage », un « homme supérieur », capable d'instruire et de gouverner les hommes.

En premier lieu, la nécessité de la persévérance est bien mise en relief par la jolie image ou parabole ci-dessous :

Meng-Tseu dit : Celui qui s'applique à faire une chose est comme celui qui creuse un puits. Si, après avoir creusé un puits jusqu'à soixante et douze pieds, on ne

va pas jusqu'à la source, on est dans le même cas que
si on l'avait abandonné.

Meng-Tseu, Hia-Meng, VII, 29.

* * *

Les fruits que l'on peut récolter en s'attachant
avec persévérance à l'étude, ne sont pas moins nettement indiqués dans le passage suivant :

Le philosophe dit : Rendez-vous complètement
maitre de ce que vous venez d'apprendre et apprenez
toujours du nouveau ; vous pourrez alors devenir un
instituteur des hommes.

Lun-Yu, II, 11.

* * *

Les mêmes pensées sont développées avec une
belle ampleur dans la page suivante, aussi remarquable par sa forme littéraire toute spéciale que
par la netteté des expressions.

S'il y a des personnes qui n'étudient pas, ou qui, si
elles étudient, ne profitent pas, qu'elles ne se découragent point, ne s'arrêtent point ; s'il y a des personnes
qui n'interrogent pas les hommes instruits pour
s'éclairer sur les choses douteuses ou qu'elles ignorent,
ou si, en les interrogeant, ne peuvent pas devenir plus
instruites, qu'elles ne se découragent point ; s'il y a des
personnes qui ne méditent pas, ou qui, si elles méditent, ne parviennent pas à acquérir une connaissance

claire du principe du bien, qu'elles ne se découragent
point ; s'il y a des personnes qui ne distinguent pas le
bien du mal, ou qui, si elles le distinguent, n'en ont
cependant pas une perception claire et nette, qu'elles
ne se découragent point ; s'il y a des personnes qui ne
pratiquent pas le bien, ou qui, si elles le pratiquent,
ne peuvent y employer toutes leurs forces, qu'elles ne
se découragent point ; ce que d'autres feraient en une
fois, elles le feront en dix ; ce que d'autres feraient en
cent, elles le feront en mille.

Celui qui suivra véritablement cette règle de persévérance, quelque ignorant qu'il soit, deviendra nécessairement éclairé ; quelque faible qu'il soit, il deviendra
nécessairement fort.

Tchoung-Young, XX, 19, 20.

* * *

Il résulte de ce qui précède que si les philosophes chinois n'admettent pas l'égalité naturelle
des hommes, ils pensent du moins que tous peuvent, par le travail et la persévérance, acquérir la
connaissance et les vertus que nécessitent l'éducation et le gouvernement des hommes. C'est, en
effet, cette égalité devant l'instruction et la possi-
bilité d'arriver par elle aux plus hautes situations,
qui sont la caractéristique de toutes les institutions
politiques et sociales des Chinois et des Annamites.

Cette éducation a doté l'Annam et la Chine de
mœurs démocratiques telles, qu'on en trouve difficilement de semblables dans les pays qui jouissent

ou se flattent de jouir des régimes démocratiques
les plus avancés.

Ce qui est surtout remarquable, dans la conception morale des philosophes chinois, ce qui
frappe les yeux de l'homme politique dans la
Chine et l'Annam, c'est que, ni en théorie, ni
en pratique, la démocratie de ces pays ne se trans-
forme jamais en démagogie. Chacun sait qu'il
aurait pu devenir, par le travail et la bonne conduite, un « instituteur » et un « gouvernant » du
peuple ; mais, grâce aux principes que tous puisent
dans l'école et dont la nation tout entière est en
quelque sorte imprégnée, chacun respecte ses
supérieurs et se montre bienveillant envers ses
inférieurs. Aussi n'y a-t-il pas de nation mieux
hiérarchisée, du haut en bas de l'échelle sociale,
que la Chine et l'Annam ; chacun y sait obéir et
commander.

L'instruction a pour but principal la connaissance des devoirs des hommes. L'histoire elle-
même, qui tient une grande place dans l'enseignement des Annamites et des Chinois, est considérée
surtout comme une école pratique des devoirs
réciproques du souverain et des sujets. Il n'y a pas
de peuple chez lequel l'enseignement de la politique tienne une aussi grande place. Il existe des
écoles dans tous les villages et hameaux ; tous les
enfants vont à l'école et tous s'instruisent dans
l'administration et le gouvernement des hommes.

En même temps, on leur enseigne à vivre chacun content de son sort, sans renoncer cependant à son amélioration.

Etablissez des écoles de tous les degrés pour instruire le peuple, celles où l'on enseigne à respecter les vieillards, celles où l'on donne l'instruction à tout le monde indistinctement, celles où l'on apprend à tirer de l'arc, qui se nommaient *Hiao* sous les Hiu, *Siu* sous les Yin, et *Tsiang* sous les Tcheou. Celles que l'on nomme *Hio* (Etudes) ont conservé ce nom sous les trois dynasties. Toutes ces écoles sont destinées à enseigner aux hommes leurs devoirs. Lorsque les devoirs sont clairement enseignés par les supérieurs, les hommes de la foule commune s'aiment mutuellement, dans leur infériorité.

Meng-Tseu, V, 3.

***

La base de l'instruction et les fondements de la morale résident dans l'étude de la nature de l'homme, ou, selon une autre expression des philosophes chinois, dans la connaissance des principes des actions.

C'est de cette connaissance que résulte l'amélioration de soi-même, à laquelle tout homme doit travailler.

Pour s'améliorer soi-même, il faut d'abord étudier « l'essence des choses », les causes et les effets, les principes des actions. On acquiert ainsi les « connaissances morales » d'où découle la pureté des intentions, la probité du cœur, la droiture de l'esprit, l'amélioration de la « personne » humaine et la perfection.

Ayant médité et s'étant formé un jugement sur l'essence des choses, on peut ensuite atteindre à l'état de perfectionnement désiré.

Ta-Hio, I, 2.

Les êtres de la nature ont une cause et des effets ; les actions humaines ont un principe et des conséquences ; connaître les causes et les effets, les principes et les conséquences, c'est s'approcher très près de la méthode rationnelle avec laquelle on parvient à la perfection.

Ta-Hio, I, 3.

Les principes des actions étant pénétrés et approfondis, les connaissances morales parviennent ensuite à leur dernier degré de perfection. Les connaissances morales étant parvenues à leur dernier degré de perfection, les intentions sont ensuite rendues pures et sincères. Les intentions étant pures et sincères, l'âme se pénètre ensuite de probité et de droiture. L'âme étant pénétrée de probité et de droiture, la personne s'est ensuite corrigée et améliorée.

Ta-Hio, I, 5.

Depuis l'homme le plus élevé en dignité jusqu'au plus humble et au plus obscur, devoir égal pour tous : corriger et améliorer sa personne, ou le perfectionnement de soi-même est la base fondamentale de tout progrès et de tout développement moral.

Ta-Hio, I, 6.

*   *
*

L'amélioration de la « personne » humaine a pour conséquence une bonne direction de la famille, puis du royaume, d'où résultent la paix et l'harmonie dans le monde.

La personne étant ensuite corrigée et améliorée, la famille est ensuite bien dirigée. La famille étant bien dirigée, le royaume est ensuite bien gouverné. Le royaume étant bien gouverné, le monde ensuite jouit de la paix et de la bonne harmonie.

Ta-Hio, I, 5.

* * *

D'autre part, la connaissance des « principes des actions » conduit à celle des « destinations » de l'homme.

La « destination » représente elle-même l'ensemble des devoirs que chaque homme doit remplir, suivant les conditions dans lesquelles il est placé.

Le livre des vers dit : Que la vertu de Wen-Wang était vaste et profonde ! Comme il sut joindre la splendeur à la sollicitude la plus grande pour l'accomplissement de ses différentes destinations !

Comme prince, il plaçait sa destination dans la pratique de l'humanité ou de la bienveillance universelle pour les hommes ; comme sujet, il plaçait sa destination dans les égards dus au souverain ; comme fils, il plaçait sa destination dans la pratique de la piété filiale ; comme père, il plaçait sa destination dans la

tendresse paternelle ; comme entretenant des relations
ou contractant des engagements avec les hommes, il
plaçait sa destination dans la pratique de la sincérité et
de la fidélité.

Ta-Hio, III, 3.

*
* *

Tout homme renferme en soi le principe de sa
destination.

Le livre des vers dit : L'oiseau jaune, au chant plain-
tif, mien-mân fixe sa demeure dans le creux touffu des
montagnes. Le philosophe a dit : En fixant là sa
demeure, il prouve qu'il connaît le lieu de sa destination ; et l'homme ne pourrait pas en savoir autant que
l'oiseau !

Ta-Hio, III, 2.

On trouve dans le *Ji-Kiang* la même pensée
exprimée plus nettement encore :

Tchou-Tseu dit : Chaque homme possède en soi le
principe de sa destination obligatoire et de ses devoirs
de conduite, et atteindre à sa destination est du devoir
du saint homme.

Ji-Kiang.

*
* *

La « destination » est indiquée par les penchants naturels. Tout homme qui veut atteindre sa
« destination » doit rendre ses « inclinations pures
et sincères », c'est-à-dire conformes aux penchants
naturels.

« Les expressions *rendre ses intentions pures et sin-cères signifient* : ne dénature point les inclinations droites, comme celle de fuir une odeur désagréable et d'aimer un objet agréable et séduisant.

Ta-Hio, VI, 1.

* *

C'est en soi-même qu'il faut chercher la règle morale des actions.

Le philosophe a dit : La voie droite ou la règle de conduite que l'on doit suivre n'est pas éloignée des hommes. Si les hommes se font une règle de conduite éloignée d'eux (c'est-à-dire qui ne soit pas conforme à leur propre nature), elle ne doit pas être considérée comme une règle de conduite.

Tchoung-Young, XIII, 1.

La voie morale du sage peut être comparée à la route du voyageur, qui doit commencer à lui pour s'éloigner ensuite ; elle peut aussi être comparée au chemin de celui qui gravit un lieu élevé, en partant du lieu bas où il se trouve.

Tchoung-Young, XV, 1.

* *

Les « penchants naturels » sur lesquels les phi-losophes chinois paraissent avoir fondé toute leur morale familiale, sociale, politique et même indi-viduelle sont ceux, tout à fait incontestables et naturels, qui unissent la mère et l'enfant.

Elle (la mère) s'efforce de toute son âme à prévenir
ses désirs naissants (de son enfant); si elle ne les devine
pas entièrement, elle ne se méprend pas beaucoup sur
l'objet de ses vœux. Il n'est pas dans la nature qu'une
mère apprenne à nourrir un enfant pour se marier
ensuite.

Ta-Hio, IX, 2.

* *
*

Le *Ji-Kiang* ou commentaire impérial précise
très clairement la pensée exprimée ci-dessus :

Dans les premiers temps que son jeune enfant vient
de naître, chaque mère ne peut pas apprendre par des
paroles sorties de sa bouche ce que l'enfant désire; la
mère qui, par sa nature, est appelée à lui donner tous
ses soins et à ne le laisser manquer de rien, s'applique
avec la plus grande sincérité du cœur et beaucoup plus
souvent qu'il n'est nécessaire, à chercher à savoir ce
qu'il désire et elle le trouve ensuite. Il faut qu'elle
cherche à savoir ce que son enfant désire; et quoi-
qu'elle ne puisse pas toujours réussir à deviner tous
ses vœux, cependant son cœur est satisfait si le cœur
de son enfant doit aussi être satisfait; ils ne peuvent
pas s'éloigner l'un de l'autre. Or, le cœur de cette
mère qui chérit ainsi son jeune enfant au berceau, le
fait naturellement et de lui-même ; toutes les mères
ont les mêmes sentiments maternels ; elle n'ont pas
besoin d'attendre qu'on les instruise de leurs devoirs
pour pouvoir aimer ainsi leurs enfants. Aussi n'a-t-on
jamais vu dans le monde qu'une jeune femme apprenne
d'abord les règles des soins à donner à un jeune enfant
au berceau, pour se marier ensuite.
Si l'on sait une fois que les tendres soins qu'une mère

prodigue à son jeune enfant lui sont ainsi inspirés par
ses sentiments naturels, on peut savoir également que
ce sont les mêmes sentiments de tendresse naturelle qui
doivent diriger un prince dans ses rapports avec la
multitude. N'en est-il pas de même dans ses rapports
avec le souverain et avec ses aînés ? Alors, c'est ce qui
est dit, que sans sortir de sa famille, on peut se perfectionner dans l'art d'instruire et de gouverner son
royaume.

*

* *

De même que l'enfant aime et respecte sa
mère, en raison des soins qu'il en reçoit, de
même il doit respecter son père, ses frères aînés,
ses parents de divers degrés, en raison de l'affection qu'ils lui portent et des services qu'il en tire ;
il doit aussi aimer les sages et son prince. Celui-ci,
de son côté, doit se comporter comme « le père et
la mère » du peuple. C'est dans ces formes diverses
du respect que résident les principaux devoirs
des hommes.

La famille est donc, aux yeux du philosophe
chinois, le point de départ de toutes les relations
sociales. Le respect et l'affection que tout homme
doit avoir pour sa famille s'étendent sans peine
aux gens de son village, puis sur toute la nation,
sur tous les hommes et enfin sur tous les êtres
vivants. L'évolution de ces sentiments est très bien
tracée dans les pages ci-dessous.

La grande loi du devoir doit être cherchée dans l'humanité, cette belle vertu du cœur qui est le principe de l'amour pour tous les hommes.

Cette humanité, c'est l'homme lui-même : l'affection pour les parents en est le premier devoir. La justice, c'est l'équité, c'est rendre à chacun ce qui lui convient : honorer les hommes sages, en forme le premier devoir. L'art de savoir distinguer ce que l'on doit aux parents de différents degrés, celui de savoir comment honorer les sages selon leurs mérites, ne s'apprennent que par les rites ou principes de conduite inspirés par le ciel.

Les devoirs les plus universels pour le genre humain sont au nombre de cinq, et l'homme possède trois facultés naturelles pour les pratiquer. Les cinq devoirs sont : les relations qui doivent exister entre le prince et ses ministres, le père et ses enfants, le mari et la femme, les frères aînés et les frères cadets et l'union des amis entre eux : lesquelles cinq relations constituent la loi naturelle du devoir la plus universelle pour les hommes. La conscience qui est la lumière de l'intelligence pour distinguer le bien du mal ; l'humanité qui est l'équité du cœur ; le courage moral qui est la force d'âme, sont les trois grandes et universelles facultés morales de l'homme.

Tchoung-Young, XX.

Se-ma-nieou, affecté de tristesse, dit : Tous les hommes ont des frères; moi seul, je n'en ai point !

Tseu-hia dit : Chang (lui-même) a entendu dire : Que l'homme supérieur veille avec une sérieuse attention sur lui-même et ne cesse d'agir ainsi; qu'il porte dans le commerce des hommes une déférence toujours digne, avec des manières distinguées et polies, regardant tous les hommes qui habitent dans l'intérieur des quatre mers (tout l'univers) comme ses propres frères. En agissant ainsi, pourquoi l'homme supérieur s'affligerait-il donc de n'avoir pas de frères ?

Lun-Yu, XII, 5.

Autrefois, Wou-Wang écrivit un livre pour donner des avertissements à Kang-Chou (son frère cadet qu'il envoyait gouverner un état dans la province de Ho-Nan). Il dit : Si l'on exerce les fonctions de prince, il faut aimer, chérir les cent familles (tout le peuple chinois), comme une mère aime et chérit son jeune enfant au berceau.

Ji-Kiang.

* *

L'importance très considérable donnée par les philosophes chinois aux penchants naturels, envisagés comme les bases de la morale, suffirait à faire supposer un certain dédain de leur part pour les idées purement métaphysiques. En effet, la plus importante des questions de cet ordre, celle du libre arbitre de l'homme, tant discutée par les philosophes occidentaux, ne paraît pas avoir préoccupé les grands penseurs chinois. Dans toute l'étendue des quatre livres classiques, on ne trouve qu'un très petit nombre de passages susceptibles de faire présumer leur opinion à cet égard. Ils permettent de les considérer comme les précurseurs du déterminisme moderne.

La nature de l'homme ressemble à une eau courante :

si on la dirige vers l'orient, elle coule vers l'orient ; si on la dirige vers l'occident, elle coule vers l'occident.

La nature de l'homme ne distingue pas entre le bien et le mal, comme l'eau ne distingue pas entre l'orient et l'occident.

Meng-Tseu, V, 2.

Maintenant, si en comprimant l'eau avec la main vous la faites jaillir, vous pouvez lui faire dépasser la hauteur de votre front. Si, en lui opposant un obstacle, vous la faites refluer vers sa source, vous pouvez alors lui faire dépasser une montagne.

Appelez-vous cela la nature de l'eau ? C'est de la contrainte.

Les hommes peuvent être conduits à faire le mal.

Meng-Tseu, V, 2.

La nature de l'homme ressemble au saule flexible ; l'équité ou la justice ressemble à une corbeille ; on fait avec la nature de l'homme l'humanité et la justice, comme on fait une corbeille avec le saule flexible.

Meng-Tseu, V, 1.

* *

De la flexibilité de la nature de l'homme, de la propriété qu'elle a de pouvoir être dirigée vers le bien ou le mal, découle la nécessité absolue de l'instruction.

Si l'on ne donne pas d'éducation (à l'enfant), sa
nature primitive se détériore.

*Livre classique des phrases de trois
caractères, 3.*

Les philosophes chinois ne sont pas plus expli-
cites sur le compte de la divinité que sur celui du
libre arbitre. Le scepticisme qu'ils professent au
sujet de la première est traduit, de la façon la plus
claire, dans le passage suivant du *Hia-Lun*, second
livre du *Lun-Yu :*

Ki-Lou demanda comment il fallait servir les esprits
et les génies. Le philosophe dit : « Quand on n'est pas
encore en état de servir les hommes, comment pourrait-on servir les esprits et les génies ? — Permettez-
moi, ajouta-t-il, que j'ose vous demander ce que c'est
que la mort ? — Le philosophe dit : Quand on ne sait
pas encore ce que c'est que la vie, comment pourrait-on
connaître la mort. »

Lun-Yu, XI, 11.

Il résulte naturellement de l'état d'esprit indiqué par les pensées reproduites ci-dessus, que les
philosophes chinois ne disent jamais comme Jésus :
« Mon royaume n'est pas de ce monde », et qu'ils
ne sauraient promettre une récompense à la vertu
dans « un monde meilleur ». Tout au contraire de

celui de Jésus, leur royaume est ici-bas ; c'est sur
terre que l'homme vertueux, laborieux, remplissant tous ses devoirs envers soi-même, envers ses
parents, ses amis et les autres hommes, recueillera
le fruit de son travail, de ses études, de sa persévérance et de ses vertus. C'est dans le bonheur et
l'affection des siens, le dévouement de ses amis,
le respect de ses concitoyens et la satisfaction de
sa propre conscience, qu'il trouvera sa récompense.

C'est aussi dans ce monde, que l'homme subira
le châtiment de son ignorance, de sa grossièreté,
de ses vices et de ses fautes. S'il tue, il provo-
quera la vengeance ; s'il est âpre au gain, il sera
méprisé ; s'il ne remplit pas ses devoirs envers sa
famille, ses amis, ses concitoyens, il sera repoussé
par tout le monde et condamné à n'obtenir jamais
le rang « d'homme supérieur », digne d'instruire
et de gouverner les autres hommes, que le philosophe chinois envisage comme le plus haut prix
du travail, de l'instruction et de la vertu.

Le livre des vers dit : Une femme et des enfants qui
aiment l'union et l'harmonie sont comme les accords
produits par le Khin et le Che.

Quand les frères vivent dans l'union et l'harmonie,
la joie et le bonheur règnent parmi eux. Si le bon
ordre est établi dans votre famille, votre femme et vos
enfants seront heureux et satisfaits.

Le philosophe a dit : Quel contentement et quelle

joie doivent éprouver un père et une mère à la tête d'une semblable famille !

Tchoung-Young, XV.

Meng-Tseu dit : Je sais enfin maintenant que tuer les proches parents d'un homme est un des crimes les plus graves (par ses conséquences).

En effet, si un homme tue le père d'un autre homme, celui-ci tuera aussi le père du premier. Si un homme tue le frère aîné d'un autre homme, celui-ci tuera aussi le frère aîné du premier. Les choses étant ainsi, ce crime diffère bien peu de celui de tuer tous ses parents de sa propre main.

Meng-Tseu, *Hia-Meng*, VIII, 7.

Meng-Tseu dit : Dès l'instant qu'un jeune homme est né, ses père et mère désirent pour lui une femme ; dès l'instant qu'une jeune fille est née, ses père et mère désirent pour elle un mari. Le sentiment du père et de la mère (pour leurs enfants) tous les hommes l'ont personnellement. Si, sans attendre la volonté de leur père et mère et la proposition du chargé d'office, les jeunes gens pratiquent une ouverture dans les murs de leurs habitations, afin de se voir l'un l'autre à la dérobée, s'ils franchissent les murs pour se voir plus intimement en secret ; alors le père et la mère, ainsi que tous les hommes du royaume, condamneront leur conduite qu'ils trouveront méprisable.

Meng-Tseu, VI, 3.

Celui qui aime les hommes est toujours aimé des hommes. Celui qui respecte les hommes est toujours respecté des hommes.

Meng-Tseu, *Hia-Meng*, II, 28.

Si vous avez de la générosité et de la grandeur d'âme, alors vous vous gagnez la foule ; si vous avez de la sincérité et de la droiture, alors le peuple se confie à vous ; si vous êtes actif et vigilant, alors toutes vos affaires ont d'heureux résultats ; si vous portez un égal interêt à tout le monde, alors le peuple est dans la joie.

Lun-Yu, **XX, 1.**

Le philosophe dit : Appliquez-vous uniquement aux gains et aux profits, et vos actions vous feront recueillir beaucoup de ressentiment.

Lun-Yu, **IV, 2.**

L'homme humain et charitable acquiert de la considération à sa personne en usant généreusement de ses richesses. L'homme sans humanité et sans charité augmente ses richesses aux dépens de sa considération.

Ta-Hio, **X, 19.**

Si vous observez dans toutes vos actions le respect de vous-même et des autres, alors vous ne serez méprisé de personne ; si vous êtes généreux, alors vous obtiendrez l'affection du peuple ; si vous êtes sincère et fidèle, alors les hommes auront confiance en vous ; si vous êtes appliqué au bien, alors vous aurez du mérite ; si vous êtes bienveillant et miséricordieux, alors vous aurez tout ce qu'il faut pour gouverner les hommes.

Lun-Yu, **XVII, 6.**

S'il se trouve dans l'empire un homme qui ait la vertu d'entretenir les vieillards, alors tous les hommes pleins d'humanité s'empresseront d'aller se soumettre à lui.

Meng-Tseu, Hia-Meng, VII, 22.

Il n'y a jamais eu d'homme qui, étant souverainement vrai, sincère, ne se soit concilié la confiance et la faveur des autres hommes. Il n'il y a jamais eu d'homme qui, n'étant pas vrai, sincère, ait pu se concilier longtemps cette confiance et cette faveur.

Meng-Tseu, Hia-Meng, I, 12.

Celui qui dompte les hommes et se les soumet par la force des armes, ne subjugue pas les cœurs; pour cela, la force, quelle qu'elle soit, est toujours insuffisante. Celui qui se soumet les hommes par la vertu, porte la joie dans les cœurs qui se livrent sans réserve, comme les soixante et dix disciples de Khoung-Tseu se soumirent à lui.

Meng-Tseu, III, 3.

DEUXIÈME PARTIE

LES RÈGLES MORALES DES PHILOSOPHES CHINOIS

I

LA MORALE INDIVIDUELLE DES PHILOSOPHES CHINOIS

Les règles morales sont considérées par les philosophes chinois comme absolument obligatoires. L'homme ne saurait s'y soustraire ; il est contraint de les suivre, comme la nature tout entière doit obéir aux lois qui la régissent. Les lois qui règlent la conduite de l'homme sont d'ailleurs les mêmes que celles qui règlent la nature entière. La loi morale est comme la loi d'harmonie de l'univers : de même qu'elle règle les rapports des astres entre eux, elle détermine les actes de tous les êtres vivants.

L'homme est partie intégrante de la nature; elle agit sur lui, comme il agit sur elle.

L'action de l'homme sur la nature est d'autant plus grande qu'il atteint un plus haut degré de perfection. Celui qui s'est élevé jusqu'à cette dernière devient une puissance productrice, la perfection se confondant, aux yeux du philosophe chinois, avec « la loi productrice du ciel et de la terre ».

La règle de conduite morale qui doit diriger les actions est tellement obligatoire que l'on ne peut s'en écarter d'un seul point, un seul instant. Si l'on pouvait s'en écarter, ce ne serait plus une règle de conduite.

Les hommes souverainement parfaits, par la grandeur et la profondeur de leur vertu, s'assimilent avec la terre ; par sa hauteur et son éclat, ils s'assimilent avec le ciel ; par son étendue et sa durée, ils s'assimilent avec l'espace et le temps sans limite.

Tchoung-Young, XXVI, 5.

La puissance ou la loi productive du ciel et de la terre peut être exprimée par un seul mot, son action dans l'un et l'autre n'est pas double : c'est la perfection.

Tchoung-Young, XXVI, 7.

Le livre des vers dit : l'oiseau Youan s'envole jusque dans les cieux, le poisson plonge jusque dans les abimes.

Ce qui veut dire que la règle de conduite morale de l'homme est la loi de toutes les intelligences ; qu'elle illumine l'univers dans le plus haut des cieux, comme dans les plus profonds abimes.

La règle de conduite morale du sage a son principe

dans le cœur de tous les hommes, d'où elle s'élève à sa
plus haute manifestation pour éclairer le ciel et la
terre de ses rayons éclatants.

Tchoung-Young, XII, 3 et 4.

Oh ! que la loi du devoir de l'homme saint est
grande !

C'est un océan sans rivages ! elle produit et entre-
tient tous les êtres ; elle touche au ciel par sa hauteur.

Tchoung-Young, XXVII, 1-2.

*
* *

Il résulte naturellement de ces principes, que le
sage doit régler sa conduite sur les phénomènes
qui se produisent dans l'univers. « Il imite la régu-
larité de la marche des saisons et des astres, les
relations des êtres entre eux, les transformations
qui se produisent incessamment dans l'univers
entier. »

Il est remarquable que les philosophes chinois,
dans la contemplation de la nature, aient été
frappés surtout par l'harmonie qui règne entre
toutes les parties de cet ensemble infini. Tout ce
qu'il y a de luttes pour l'existence entre les êtres,
de perturbation et de secousses brusques, semble
avoir échappé à leur observation, ou plutôt dis-
paraît, à leurs yeux, devant l'admirable harmonie
qui règne dans le tout.

Ils ne peuvent pas ignorer que des milliers
d'êtres se dévorent pour vivre et cependant ils

affirment, non sans raison d'ailleurs, que les êtres de la nature « ne se nuisent pas entre eux ». Il est manifeste que les crimes des individus, les violations du droit et de la justice, de même que les perturbations accidentelles des saisons, les dislocations locales du globe et tous les autres événements journaliers de l'humanité et de l'univers, ne sont, au regard de ces audacieux généralisateurs, que des « faits négligeables » par rapport au bel enchaînement qu'ils constatent dans l'ensemble des manifestations de la matière universelle et de la vie.

Cette largeur de vue est assez bien exprimée dans les pages suivantes, qui sont la meilleure peinture générale de l'univers donnée par la philosophie chinoise :

Prenant pour exemple de ses actions les lois naturelles et immuables qui régissent les corps célestes au-dessus de nos têtes, il (le sage) imitait la succession régulière des saisons qui s'opère dans le ciel ; à nos pieds, il se conformait aux lois de la terre et de l'eau, fixes ou mobiles.

Tous les êtres de la nature vivent ensemble de la vie universelle et ne se nuisent pas les uns aux autres ; toutes les lois qui règlent les saisons et les corps célestes s'accomplissent en même temps, sans se contrarier entre elles. L'une des facultés partielles de la nature est de faire couler un ruisseau ; mais ses grandes énergies, ses grandes et souveraines facultés produisent et transforment tous les êtres. Voilà, en effet, ce qui rend grands le ciel et la terre.

Tchoung-Young, XXX, 1-3.

La raison d'être ou la loi du ciel et de la terre est vaste ! elle est profonde ! elle est sublime ! elle est éclatante ! elle est immense ! elle est éternelle !

Si nous portons un instant nos regards vers le ciel, nous n'apercevons d'abord qu'un petit espace scintillant de lumière ; mais si nous pouvions nous élever jusqu'à cet espace lumineux, nous trouverions qu'il est d'une immensité sans limites ; le soleil, la lune, les étoiles, les planètes y sont suspendues comme à un fil ; tous les êtres de l'univers en sont couverts comme d'un dais. Maintenant, si nous jetons un regard sur la terre, nous croirons d'abord que nous pouvons la tenir dans la main ; mais si nous la parcourons, nous la trouverons étendue, profonde, soutenant la haute montagne fleurie sans fléchir sous son poids, enveloppant les fleuves et les mers dans son sein sans en être inondée et contenant tous les êtres. Cette montagne ne nous semble qu'un petit fragment de rocher ; mais si nous explorons son étendue, nous la trouverons vaste et élevée ; des plantes et des arbres croissant à sa surface, des oiseaux et des quadrupèdes y faisant leur demeure et renfermant elle-même dans son sein des trésors inexploités. Et cette eau que nous apercevons de loin nous semble pouvoir à peine remplir une coupe légère ; mais si nous parvenons à sa surface, nous ne pouvons en sonder la profondeur ; des énormes tortues, des crocodiles, des hydres, des dragons, des poissons de toute espèce vivent dans son sein ; des richesses précieuses y prennent naissance.

Tchoung-Young, **XXVI, 9.**

⁎⁎⁎

Les règles morales admises et enseignées par les philosophes chinois sont exprimées en formules

ordinairement claires et précises, manifestement
conçues et écrites de façon à pouvoir être retenues
sans difficulté par la mémoire et reproduites,
sans modification, dans toutes les circonstances
de la vie, par ceux qui en ont acquis la connaissance. Ce sont ces formules qui se trouvent sur
les tablettes des maisons et des pagodes. Elles
sont tellement répandues qu'on peut les considérer
comme le code moral de la nation tout entière.

Parmi ces propositions, les unes s'appliquent à
l'individu lui-même. Plus générales que les autres,
elles doivent être connues et mises en pratique
par tous les hommes, dans quelque condition
sociale qu'ils vivent. On remarque que, malgré
leur généralité, elles sont toujours éminemment
pratiques.

Le respect que l'on doit avoir pour soi-même
occupe la première place parmi ces règles, les
philosophes y reviennent fréquemment.

Le livre des vers dit : Sois attentif sur toi-même
jusque dans ta maison.

Prends bien garde de ne rien faire, dans le lieu le
plus secret, dont tu puisses rougir.

C'est ainsi que le sage s'attire encore le respect, lors
même qu'il ne se produit pas en public ; il est encore
vrai et sincère, lors même qu'il garde le silence.

Tchoung-Young, XXXIII, 3.

Tscu-Tchang demanda comment il fallait se conduire
dans la vie.

Le philosophe dit : Que vos paroles soient sincères et fidèles, que vos actions soient constamment honorables et dignes, quand même vous seriez dans le pays des barbares du midi et du nord, votre conduite sera exemplaire. Mais si vos paroles ne sont pas sincères et fidèles, vos actions constamment honorables et dignes, quand même vous seriez dans une cité de deux mille familles, ou dans un hameau de vingt-cinq, que penserait-on de votre conduite ?

Lorsque vous êtes en repos, ayez toujours ces maximes sous les yeux ; lorsque vous voyagez sur un char, voyez-les inscrites sur le joug de votre attelage. De cette manière, votre conduite sera exemplaire.

Tseu-Tchang écrivit ces maximes sur sa ceinture.

Lun-Yu, XV, 5.

Habiter constamment dans la grande demeure du monde ; se tenir constamment sur le droit siège du monde ; marcher dans la grande voie du monde ; quand on a obtenu l'objet de ses vœux (des emplois et des honneurs), faire part au peuple des biens que l'on possède ; lorsqu'on n'a pas obtenu l'objet de ses vœux, pratiquer seul les principes de la droite raison, en faisant tout le bien que l'on peut faire ; ne pas se laisser corrompre par les richesses et les honneurs ; rester impassible dans la pauvreté et l'abjection ; ne pas fléchir à la vue du péril et de la force armée : voilà ce que j'appelle être un grand homme.

Meng-Tseu, VI, 2.

Les choses que l'homme supérieur met au-dessus de tout, dans la pratique de la raison, sont au nombre de trois : dans sa démarche et dans son attitude, il a soin d'éloigner tout ce qui sentirait la brutalité et la rudesse ; il fait en sorte que la véritable expression de sa figure représente, autant que possible, la réalité et la sincérité de ses sentiments ; dans les paroles qui lui échappent de la bouche et dans l'intonation de la voix, il éloigne tout ce qui pourrait être bas et vulgaire ou contraire à la raison.

Lun-Yu, VIII, 4.

Koung-Tseu, dit : L'homme supérieur, quand il est à table, ne cherche pas à assouvir son appétit ; lorsqu'il est dans sa maison, il ne cherche pas les jouissances de l'oisiveté et de la mollesse ; il est attentif à ses devoirs et vigilant dans ses paroles ; il aime à fréquenter ceux qui ont des principes droits, afin de régler sur eux sa conduite.

Lun-Yu, I, 14.

Si l'on sait une chose juste et qu'on ne la pratique pas, on commet une lâcheté.

Lun-Yu, II, 24.

Meng-Tseu dit : Ne faites pas ce que vous ne devez pas faire ; ne désirez pas ce que vous ne devez pas désirer. Si vous agissez ainsi, vous avez accompli votre devoir.

Meng-Tseu, *Hia-Meng*, VII, 17.

* *

Le désintéressement et le mépris des richesses tiennent une place très importante parmi les préceptes moraux des philosophes chinois.

Toutefois, ils ne vont pas jusqu'à répudier les biens de la terre ; loin de là, ils considèrent leur possession comme utile, parce qu'elle permet d'aider ses semblables. Ils recommandent seulement de n'être pas dominé par l'amour du gain au point d'en oublier la vertu. Celui que le seul amour du gain conduit est comparé à un « voleur ». Celui qui use convenablement de sa fortune, sans en tirer vanité, ni sans en perdre le sentiment de ses devoirs, est comparé au grand Empereur Chun dont la mémoire occupe la première place dans les instructions données par Confucius et Mencius à leurs disciples.

Le philosophe dit : En servant un prince, ayez beaucoup de soin et d'attention pour ses affaires, et faites peu de cas de ses émoluments.

Lun-Yu, XV, 37.

Le philosophe dit : Le sage est influencé par la justice ; l'homme vulgaire est influencé par l'amour du gain.

Lun-Yu, IV, 16.

Meng-Tseu dit : Celui qui, se levant au chant du coq, pratique la vertu avec la plus grande diligence, est un disciple de Chun.

Celui qui, se levant au chant du coq, s'occupe du gain avec la plus grande diligence, est un disciple du voleur Tché.

Si vous voulez connaître la différence qu'il y a entre l'empereur Chun et le voleur Tché, elle n'est pas ailleurs que dans la distance qui sépare la cupidité de la vertu.

Meng-Tseu, *Hia-Meng,* VII, 25.

Meng-Tseu dit : Chun se nourrissait de fruits secs et

d'herbes des champs, comme si toute sa vie il eût dû conserver ce régime. Lorsqu'il fut fait empereur, les riches habits brodés qu'il portait, la guitare dont il jouait habituellement, les deux jeunes filles qu'il avait comme épouses à ses côtés, ne l'affectaient pas plus que s'il les avait possédés dès son enfance.

Meng-Tseu, Hia-Meng, VIII, 6.

Le philosophe dit : Les richesses et les honneurs sont l'objet du désir des hommes ; si on ne peut les obtenir par des voies honnêtes et droites, il faut y renoncer. La pauvreté et une position banale ou vile sont l'objet de la haine et du mépris des hommes ; si on ne peut en sortir par des voies honnêtes et droites, il faut y rester.

Lun-Yu, IV, 5.

Tseu-Koung dit : Comment trouvez-vous l'homme pauvre qui ne s'avilit point par une adulation servile, l'homme riche qui ne s'enorgueillit pas de sa richesse ?

Khoung-Tseu dit : Un homme peut encore être estimable sans leur ressembler ; mais ce dernier ne sera jamais comparable à l'homme qui trouve du contentement dans la pauvreté, ou qui, étant riche, se plait néanmoins dans la pratique des vertus sociales.

Lun-Yu, I, 15.

Le devoir de ne jamais « attendre à demain » pour se corriger d'un défaut, est exposé d'une plaisante façon dans le passage ci-dessous :

Meng-Tseu dit : Il y a maintenant un homme qui chaque jour prend les poules de ses voisins. Quelqu'un lui dit : Ce que vous faites n'est pas conforme à la conduite d'un honnête homme. Mais il répondit : Je voudrais bien me corriger peu à peu de ce vice ; chaque mois, jusqu'à l'année prochaine, je ne prendrai plus qu'une poule et ensuite je m'abstiendrai complètement de voler.

Si l'on sait qu'une action n'est pas conforme à la justice, alors on doit la cesser incontinent. Pourquoi attendre à l'année prochaine ?

Meng-Tseu, VI, 8.

La modestie est vantée d'une manière fort originale dans la page suivante :

Le livre des vers dit : Elle couvrait sa robe brodée d'or d'un surtout grossier.

Elle haïssait le faste et la pompe des ornements.

C'est ainsi que les actions vertueuses du sage se dérobent aux regards, et cependant se révèlent de plus en plus chaque jour, tandis que les actions vertueuses de l'homme inférieur se produisent avec ostentation et s'évanouissent chaque jour. La conduite du sage est sans saveur comme l'eau, mais cependant elle n'est point fastidieuse ; elle est retirée, mais cependant elle est belle et grave.

Tchoung-Young, XXXIII, 1.

Le philosophe dit : Ne soyez point inquiets de ne point occuper d'emplois publics, mais soyez inquiets d'acquérir les talents nécessaires pour occuper ces emplois.

Ne soyez point affligés de ne pas encore être connus,
mais cherchez à devenir dignes de l'être.

Lun-Yu, IV, 14.

*
* *

Le caractère dominant de la morale des philosophes chinois, c'est d'être « altruiste », c'est-à-
dire de se préoccuper par-dessus tout de ce que
chaque homme doit faire pour contribuer au
bonheur de ses semblables, et de ce qu'il ne doit
pas faire afin de ne pas causer leur malheur.

La morale occidentale la plus pure n'a trouvé
aucune autre formule que : « Ne faites pas aux
autres ce que vous ne voudriez pas qu'il vous fût
fait. » La morale chinoise va plus loin ; elle
ajoute : « Agissez envers les autres comme vous
voudriez qu'on agît envers vous-même. » Et elle
appelle cela sa « doctrine de l'humanité », doctrine
sublime, en effet, qui a conduit ces peuples, les
seuls sur la terre, à considérer, de tout temps, la
guerre comme un fléau et à ne pas comprendre
qu'un homme en ayant offensé un autre accepte
de s'exposer à le tuer en duel plutôt que de lui
faire des excuses. Seul au monde, un lettré chinois
pouvait écrire ces lignes à propos du duel. « En
Chine, l'insulteur finit toujours par présenter ses
excuses à l'offensé ; il y est moralement obligé. En
Europe, au contraire, c'est une lâcheté que de
présenter de légitimes excuses à celui qui a été

injustement outragé. Comprend-on une pareille
aberration ? Est-ce qu'on ne doit pas être heureux
de réparer l'injustice dont on a conscience, heureux d'avouer ses torts ? » En Chine, le duel est
aussi répudié que la guerre.

Les passages suivants des quatre livres contiennent en quelque sorte la moelle de toute la
morale des philosophes chinois.

Tseu-Koung dit : Ce que je ne désire pas que les
hommes me fassent, je désire également ne pas le
faire aux autres hommes.

Lun-Yu, V, 11.

Tseu-Koung fit une question en ces termes : Y a-t-il
un mot dans la langue que l'on puisse se borner à pratiquer seul jusqu'à la fin de l'existence ? Le philosophe
dit : Il y a le mot « chou » dont le sens est : Ce que
l'on ne désire pas qui nous soit fait, il ne faut pas le
faire aux autres.

Lun-Yu, XV, 23.

Celui dont le cœur est droit et qui porte aux autres
les mêmes sentiments qu'il a pour soi-même, ne
s'écarte pas de la loi morale du devoir prescrite aux
hommes par leur nature rationnelle ; il ne fait pas aux
autres ce qu'il désire qui ne lui soit pas fait à lui-
même.

Tchoung-Young, XIII, 3.

Si l'on fait tous ses efforts pour agir envers les autres
comme on voudrait les voir agir envers soi, rien ne

fait plus approcher de l'humanité, lorsqu'on la cherche, que cette conduite.

Meng-Tseu, Hia-Meng, VII, 4.

Avoir assez d'empire sur soi-même pour juger des autres par comparaison avec soi, et agir envers eux comme nous voudrions que l'on agisse envers nous-même, c'est ce que l'on peut appeler la doctrine de l'humanité. Il n'y a rien au delà.

Lun-Yu, VI, 28.

Tseng-Tseu dit : Je m'examine chaque jour sur trois points principaux : N'aurais-je pas géré les affaires d'autrui avec le même zèle et la même intégrité que les miennes propres ? N'aurais-je pas été sincère dans mes relations avec mes amis et mes condisciples ? n'aurais-je pas conservé soigneusement et pratiqué la doctrine qui m'a été transmise par mes instituteurs ?

Lun-Yu, I, 4.

Tseu-Lou dit : L'homme supérieur estime-t-il beaucoup le courage viril ? Le philosophe dit : L'homme supérieur met au-dessus de tout l'équité et la justice. Si l'homme supérieur possède le courage viril ou la bravoure sans la justice, il fomente des troubles dans l'Etat. L'homme vulgaire qui possède le courage viril ou la bravoure sans la justice, commet des violences et des rapines.

Lun-Yu, XVII, 23.

Tseu-Leu, disciple de Koung-Tseu, interrogea son maître sur la force de l'homme.

Le philosophe répondit : Est-ce sur la force virile des contrées méridionales ou sur la force virile des contrées septentrionales ? Parlez-vous de votre propre force ?

Avoir des manières bienveillantes et douces pour instruire les hommes ; avoir de la compassion pour les
insensés qui se révoltent contre la raison, voilà la force
virile propre aux contrées méridionales ; c'est à elle que
s'attachent les sages.

Faire sa couche de lames de fer et de cuirasses de
peaux de bêtes sauvages ; contempler sans frémir les
approches de la mort : voilà la force virile propre aux
contrées septentrionales, et c'est à elle que s'attachent
les braves.

Cependant, combien plus forte et plus grande est la
force d'âme du sage qui vit toujours en paix avec les
hommes et ne se laisse point corrompre par les passions !
Combien plus forte et plus grande est la force d'âme
de celui qui se tient sans dévier dans la voie droite,
également éloigné des extrêmes ! Combien plus forte
et plus grande est la force d'âme de celui qui, lorsque
son pays jouit d'une bonne administration qui est son
ouvrage, ne se laisse point corrompre ou aveugler par
un sot orgueil ! Combien plus forte et plus grande, est
la force d'âme de celui qui, lorsque son pays manque
d'une bonne administration, reste immuable dans la
vertu jusqu'à la mort !

Tchoung-Young, X.

Le dialogue suivant donne une idée fort juste
de l'altruisme de la morale des philosophes chinois.

Confucius prie ses disciples favoris de lui faire
part de leurs désirs les plus intimes. Le premier
ne cache pas qu'il serait heureux d'avoir de riches
pelisses, des chevaux, des chars, qu'il partagerait

avec ses amis ; il n'éprouverait d'ailleurs aucune peine de se les voir voler, car il est détaché des biens de ce monde. Le second estime plus particulièrement la modestie : il sait qu'il ne manque ni de talents ni de vertus, mais il désire ne pas s'en glorifier et ne pas révéler ses bonnes actions.

Le philosophe interrogé, à son tour, sur ses pensées secrètes, montre qu'elles se portent toutes vers les autres hommes : procurer un doux repos aux vieillards, être fidèle à ses amis et à tous ceux avec lesquels il est en relations, donner des soins aux enfants et aux faibles.

Toute la morale chinoise est dans ce bref entretien ; elle y est même avec sa récompense, car chacun des interlocuteurs laisse nettement entendre qu'il la trouvera dans l'accomplissement de l'action à laquelle il pense.

Yen-Youang et Tseu-Lou étant à ses côtés, le philosophe leur dit : Pourquoi, l'un et l'autre, ne m'exprimez-vous pas votre pensée?

Tseu-Lou dit : Moi je désire des chars, des chevaux, des pelisses fines et légères pour les partager avec mes amis. Quand même ils me les prendraient, je n'en éprouverais aucun ressentiment.

Yen-Youang dit : Moi, je désire ne pas m'enorgueillir de ma vertu et de mes talents et ne pas répandre le bruit de mes bonnes actions.

Tseu-Lou ajouta : Je désirerais entendre exprimer la pensée de notre maître.

Le philosophe dit : Je voudrais procurer aux vieil-

lards un doux repos ; aux amis et à ceux avec lesquels
on a des relations, conserver une fidélité constante,
aux enfants et aux faibles donner des soins tout maternels.

> *Lun-Yu*, V, 25.

⁕

Le caractère éminemment humain de la philosophie chinoise apparaît bien encore dans les
quelques préceptes ci-dessous, où le sage est donné
en exemple aux autres hommes :

Le philosophe aime à réunir ses amis pour s'entretenir avec eux des sciences et il a recours à eux pour
être dirigé dans ses actions.

> *Lun-Yu*, XII, 24.

Khoung-Tseu dit : Le philosophe aime à être lent
dans ses paroles, rapide dans ses actions.

> *Lun-Yu*, IV, 24.

Le philosophe dit : L'homme supérieur se conduit
toujours conformément à la droiture et à la vérité, et
il n'a pas d'obstination.

> *Lun-Yu*, XV, 36.

Le philosophe était complètement exempt de quatre
choses : il était sans amour-propre, sans préjugés, sans
obstination et sans égoïsme.

> *Lun-Yu*, IX, 4.

Le philosophe dit : L'homme supérieur s'afflige
de son impuissance à faire tout le bien qu'il désire ;

il ne s'afflige pas d'être ignoré et méconnu des hommes.

Le philosophe dit : L'homme supérieur regrette de voir sa vie s'écouler sans laisser après lui des actions dignes d'éloges.

Le philosophe dit : L'homme supérieur ne demande rien qu'à lui-même ; l'homme vulgaire et sans mérite demande tout aux autres.

Le philosophe dit : L'homme supérieur est ferme dans ses résolutions, sans avoir de différends avec personne ; il vit en paix avec la foule, sans être de la foule.

Le philosophe dit : L'homme supérieur ne donne pas de l'élévation à un homme pour ses paroles ; il ne rejette pas des paroles à cause de l'homme qui les a prononcées.

Lun-Yu, XV, 18.

La page suivante contient un curieux exposé des règles principales que l'on doit suivre, à chaque âge de la vie :

Khoung-Tseu dit : Il y a pour l'homme sage trois choses dont il cherche à se préserver : dans le temps de la jeunesse, lorsque le sang et les esprits vitaux ne sont pas encore fixés (que la forme corporelle n'a pas encore pris tout son développement), ce que l'on doit éviter, ce sont les plaisirs sensuels ; quand on a atteint la maturité et que le sang et les esprits vitaux ont acquis toute leur force et leur vigueur, ce que l'on doit éviter, ce sont les rixes et les querelles ; quand on est arrivé à la vieillesse, que le sang et les principes vitaux tombent dans un état de langueur, ce que l'on doit éviter, c'est le désir d'amasser des richesses.

Lun-Yu, XVI, 7.

*
* *

Le *Contentus suâ sorte* et le *In medio stat virtus* des Latins sont magistralement développés dans le discours suivant de Confucius, où le sage est représenté se tenant toujours également éloigné des extrêmes, ne se laissant ni émouvoir par la pauvreté et le mépris des hommes qui en est trop souvent la conséquence, ni enorgueillir par la richesse, se pliant à toutes les civilisations dans lesquelles il lui est donné de vivre, ne tourmentant pas ses inférieurs, n'assiégeant pas de sollicitations ses supérieurs, ne demandant rien aux hommes, n'accusant jamais le ciel de ce qui lui arrive, et conservant toujours assez d'empire sur soi-même pour remplir tous ses devoirs.

Celui-là seul, d'après le philosophe chinois, peut se conduire de la sorte qui « s'est identifié avec la loi morale ».

Le *contentus suâ sorte* de la Chine diffère encore de celui de Rome, en ce que ce dernier est plutôt un égoïste aimable, indifférent, ne se mêlant que le moins possible à la vie agissante ; le premier est un homme actif, ayant un rôle à remplir dans le monde, le remplissant du mieux qu'il peut, « sans s'émouvoir des contrariétés que le sort lui impose, sans faire supporter aux autres le contre-coup de ses revers, s'efforçant, au contraire, de rendre tout le monde heureux autour de lui, alors même qu'il est dans la misère ou le malheur.

L'homme sage qui s'est identifié avec la loi morale, en suivant constamment la ligne moyenne, également éloignée des extrêmes, agit selon les devoirs de son état, sans rien désirer qui lui soit étranger.

Est-il riche, comblé d'honneurs, il agit comme doit agir un homme riche et comblé d'honneurs. Est-il pauvre et méprisé, il agit comme doit agir un homme pauvre et méprisé. Est-il étranger et d'une civilisation différente, il agit comme doit agir un homme étranger et d'une civilisation différente. Est-il malheureux, accablé d'infortunes, il agit comme doit agir un malheureux accablé d'infortunes.

Le sage qui s'est identifié avec la loi morale conserve toujours assez d'empire sur soi-même pour accomplir les devoirs de son état dans quelque condition qu'il se trouve.

S'il est dans un rang supérieur, il ne tourmente pas ses inférieurs ; s'il est dans un rang inférieur, il n'assiège pas de sollicitations basses et cupides ceux qui occupent un rang supérieur. Il se tient toujours dans la droiture et ne demande rien aux hommes ; alors la paix et la sérénité de son âme ne sont pas troublées. Il ne murmure pas contre le ciel et il n'accuse pas les hommes de ses infortunes.

Tchoung-Young, XIV, 1-3

Il semble résulter du passage suivant que l'homme « content de son sort » est avant tout celui qui place au premier rang de ses préoccupations « la bonne renommée parmi les hommes ». Le désir qu'il a de jouir de l'estime de ses concitoyens, le porte à subir toutes les misères sans se plaindre. Au contraire, l'égoïste qui se soucie peu des autres est malheureux « pour une écuelle de riz ».

Meng-Tseu dit : Les hommes qui aiment la bonne renommée peuvent céder pour elle un royaume de mille quadriges; si un homme n'a pas ce caractère, son visage témoignera de sa joie ou de ses regrets pour une écuelle de riz ou de bouillon.

Meng-Tseu, Hia-Meng, VIII, 11.

* *
*

Les satisfactions que l'homme sage doit rechercher dans la vie sont exposées en termes très élevés dans le discours suivant de Mencius. Cette page est aussi l'une de celles où apparaît le mieux cette opinion des philosophes chinois que la vertu trouve sa récompense ici-bas et que cette récompense réside surtout dans la satisfaction qu'on éprouve à faire le bien.

Meng-Tseu dit : L'homme supérieur éprouve trois contentements, et le gouvernement de l'empire comme souverain n'y est pas compris.

Avoir son père et sa mère encore vivants, sans qu'aucune cause de trouble et de dissension existe entre le frère ainé et le frère cadet, est le premier de ces contentements.

N'avoir à rougir ni en face du ciel ni en face des hommes, est le second de ces contentements.

Être assez heureux pour rencontrer parmi les hommes de sa génération des hommes de talent et de vertu dont on puisse augmenter les vertus et les talents par ses instructions, est le troisième de ces contentements.

Voilà les trois contentements de l'homme supérieur, et le gouvernement de l'empire comme souverain n'y est pas compris.

Meng-Tseu, *Hia-Meng*, VII, 20.

II

LA MORALE FAMILIALE ET SOCIALE

DES PHILOSOPHES CHINOIS

A côté des devoirs généraux que tout homme doit remplir et qui sont comme les articles fondamentaux de leur code moral, les Chinois placent au premier rang les devoirs familiaux. A leurs yeux, l'homme qui ne remplit pas convenablement ces devoirs est incapable de se bien conduire dans les relations sociales ; il n'a aucune vertu et ne peut songer à administrer ou gouverner les autres hommes. Par contre, l'homme qui se comporte respectueusement à l'égard de ses père et mère, de ses frères aînés, est capable d'instruire et de gouverner les hommes.

C'est afin de répandre dans le peuple la connaissance de ces devoirs, que les écoles ont été créées. C'est à l'enseignement de ces devoirs que les princes et les instituteurs des hommes doivent se consacrer. Cela est clairement indiqué dans la belle page suivante :

Les hommes ont en eux le principe de la raison ; mais si tout en satisfaisant leur appétit, en s'habillant chaudement, en se construisant des habitations commodes, ils manquent d'instruction, alors ils se rapprochent beaucoup des brutes. Les saints hommes (Yao et Chun) furent affligés de cet état de choses. Chun ordonna à Sée de présider à l'éducation du peuple et de lui enseigner les devoirs des hommes, afin que les pères et les enfants aient de la tendresse les uns pour les autres, que le prince et ses ministres aient entre eux des rapports équitables, que le mari et la femme sachent la différence de leurs devoirs mutuels, que le vieillard et le jeune homme soient chacun à leur place, que les amis et les compagnons aient de la fidélité l'un pour l'autre.

Meng-Tseu, V, 4.

*
* *

La piété filiale est, de toutes les vertus, celle que les philosophes chinois apprécient le mieux, celle qu'ils placent au tout premier rang.

Le peuple entier est si imprégné de cette conception morale que toute l'organisation sociale et politique de la Chine et de l'Annam est fondée sur elle.

Les crimes contre les parents sont tellement rares qu'on peut les considérer comme n'existant pas dans ces deux pays. Le parricide n'est même pas prévu dans les codes de l'Annam.

Le respect des enfants pour leurs parents est tel, qu'un fils, à quelque âge qu'il soit parvenu, n'oserait jamais s'asseoir devant son père sans en avoir reçu l'ordre formel ; il doit, dans toutes les circonstances de la vie, s'incliner en passant devant lui, ne jamais se placer de façon que le soleil puisse projeter son ombre sur la face de son père, etc.

Ce respect se manifeste encore après la mort des parents ; leurs tombeaux sont entretenus avec soin ; chaque année, les plus pauvres s'en occupent, à des époques déterminées, et l'on voit des gens se transporter à d'énormes distances pour entretenir les tombes des ancêtres morts au berceau de la famille.

C'est dans le culte des ancêtres que réside, en réalité, la religion des Chinois et des Annamites, toute leur religion.

Je n'en connais pas un seul qui l'ait perdue au contact de notre civilisation ; ceux même qui se convertissent au catholicisme conservent la religion des ancêtres.

Khoung-Tseu dit : Pendant le vivant de votre père, observez avec soin sa volonté ; après sa mort, ayez toujours les yeux fixés sur ses actions.

Pendant les trois années qui suivront la mort de son père, le fils qui, dans ses actions, ne s'écarte point de sa conduite, peut être appelé doué de piété filiale.

Lun-Yu, I, 11.

Ye-Kong s'entretenant avec Khoung-Tseu dit : Dans mon village, il y a un homme d'une droiture et d'une sincérité parfaites ; son père ayant volé un mouton, le fils porta témoignage contre lui.

Khoung-Tseu dit : Les hommes sincères et droits de mon lieu natal diffèrent beaucoup de celui-là ; le père cache les fautes de son fils, le fils cache les fautes de son père. La droiture et la sincérité existent dans cette conduite.

Lun-Yu, XIII, 18.

*
* *

Le philosophe, dans les propositions suivantes, met bien en lumière la relation qui existe, à ses yeux, entre les liens familiaux et les liens sociaux :

Khoung-Tseu dit : Il faut que les enfants aient de la piété filiale dans la maison paternelle et de la déférence fraternelle au dehors. Il faut qu'ils soient attentifs dans leurs actions, sincères et vrais dans leurs paroles envers tous les hommes qu'ils doivent aimer de toute la force et l'étendue de leur affection, en s'attachant particulièrement aux personnes vertueuses. Et si, après s'être bien acquittés de leurs devoirs, ils ont encore des forces de reste, ils doivent s'appliquer à orner leur esprit par l'étude et à acquérir des connaissances et des talents.

Lun-Yu, I, 6.

Conduisez-vous convenablement envers les personnes de votre famille, ensuite vous pourrez instruire et diriger une nation d'hommes.

Ta-Hio, IX, 6.

Le livre des vers dit : Faites ce qui est convenable entre frères et sœurs de différents âges. Si vous faites ce qui est convenable entre frères de différents âges, alors vous pourrez instruire de leurs devoirs mutuels les frères aînés et les frères cadets d'un royaume.

Ta-Hio, IX, 7.

La piété filiale, la déférence fraternelle, ne sont-elles pas le principe fondamental de l'humanité ou de la bienveillance universelle parmi les hommes ?

Lun-Yu, I, 2.

Theng-Tseu dit : Il faut être attentif à accomplir dans toutes leurs parties les rites funéraires envers ses parents décédés et offrir les sacrifices prescrits ; alors le peuple, qui se trouve dans une condition inférieure, frappé de cet exemple, retournera à la pratique de cette vertu salutaire.

Lun-Yu, I, 9,

*
* *

Les préceptes contenus dans la leçon suivante de Mencius sont bien particuliers à la philosophie chinoise. En Chine et en Annam, le père a le droit de vie et de mort sur ses enfants ; on serait tenté d'en conclure que l'autorité paternelle y est dure et impitoyable. Il en est tout autrement. Il n'y a pas de peuple au monde où les pères se montrent plus caressants et plus doux à l'égard de leurs enfants. Le père porte volontiers les tout petits marmots, les caresse, les fait jouer, tandis que la mère vaque à ses occupations. L'affection sans cesse en éveil du père est comme la récompense du respect de l'enfant.

Mencius recommande au père de ne pas instruire lui-même ses enfants, afin qu'aucune cause de mécontentement ne puisse surgir entre lui et eux. Pour le même motif, il ne veut pas que le père use de corrections.

Koung-Sun-Tcheou dit : Pourquoi un homme supérieur n'instruit-il pas lui-même ses enfants ?

Meng-Tseu dit : Parce qu'il ne peut pas employer les corrections. Celui qui enseigne doit le faire selon les règles de la droiture. Si l'enfant n'agit pas selon les règles de la droiture, le père se fâche ; s'il se fâche, il s'irrite ; alors il blesse les sentiments de tendresse qu'un fils doit avoir pour son père. « Mon maître (dit le fils en parlant de son père) devrait m'instruire selon les règles de la droiture ; mais il ne s'est jamais guidé par les règles de cette droiture. » Dans cet état de chose, le père et le fils se blessent mutuellement. Si le père et le fils se blessent mutuellement, alors il en résulte un grand mal.

Les anciens confiaient leurs fils à d'autres pour les instruire et faire leur éducation.

Entre le père et le fils, il ne convient pas d'user de corrections pour faire le bien. Si le père use de corrections pour porter son fils à faire le bien, alors l'un et l'autre sont bientôt désunis de cœur et d'affection. Si une fois ils sont désunis de cœur et d'affection, il ne peut point leur arriver de malheur plus grand.

Meng-Tseu, *Hia-Meng*, I, 18.

En Chine et en Annam, le mariage est un acte purement familial ; il n'en revêt pas moins un caractère fort sérieux et les obligations qu'il impose différent peu de celles que le Code et l'Église lui assignent dans l'occident.

Les devoirs du jeune homme, de la jeune fille et de la femme mariée sont tracés dans les lignes suivantes :

Lorsque le jeune homme reçoit le bonnet viril, le père lui donne ses instructions ; lorsque la jeune fille se marie, la mère lui donne ses instructions. Lorsqu'elle se rend à la demeure de son époux, sa mère l'accompagne jusqu'à la porte et l'exhorte en ces termes : Quand tu seras dans la maison de ton mari, tu devras être respectueuse, tu devras être attentive et circonspecte : ne t'oppose pas aux volontés de ton mari. Faire de l'obéissance et de la soumission sa règle de conduite, est la loi de la femme mariée.

Meng-Tseu, VI, 2.

* *

La piété filiale conduit chacun au respect des hommes plus âgés que soi, à celui des plus élevés en dignité, des plus sages et, enfin, au respect du passé.

Le philosophe a dit : Oh ! que la piété filiale de Wou-Wang et de Tcheou-Koung s'étendit au loin !

Cette même piété filiale sut heureusement suivre les intentions des anciens sages qui les avaient précédés, et transmettre à la postérité le récit de leurs grandes entreprises.

Au printemps, à l'automne, ces deux princes décoraient avec soin le temple de leurs ancêtres ; ils disposaient soigneusement les vases et les ustensiles anciens les plus précieux (au nombre desquels étaient le grand sabre à fourreau de pourpre et la sphère céleste de Chun); ils exposaient aux regards les robes et les différents vêtements des ancêtres, et ils leur offraient les mets de la saison.

Ces rites étant ceux de la salle des ancêtres ; c'est pour cette raison que les assistants étaient soigneusement placés à gauche ou à droite, selon que l'exigeait leur dignité ou leur rang ; les dignités et les rangs étaient observés : c'est pour cette raison que les hauts dignitaires étaient distingués du commun des assistants ; les fonctions cérémoniales étaient attribuées à ceux qui méritaient de les remplir ; c'est pour cette raison que l'on savait distinguer les sages des autres hommes ; la foule s'étant retirée de la cérémonie, et la famille s'étant réunie dans le festin accoutumé, les jeunes gens servaient les plus âgés : c'est pour cette raison que la solennité atteignait les personnes les moins élevées en dignité. Pendant les festins, la couleur des cheveux était observée : c'est pour cette raison que les assistants étaient placés selon leur âge.

Ces princes, Wou-Wang et Tcheou-Koung, succédaient à la dignité de leurs ancêtres ; ils pratiquaient leurs rites ; ils exécutaient leur musique ; ils respectaient ce qu'ils avaient respecté ; ils chérissaient ce qu'ils avaient aimé ; ils les servaient morts comme ils les auraient servis vivants; ils les honoraient ensevelis dans la tombe, comme s'ils avaient encore été près d'eux : n'est-ce pas là le comble de la piété filiale ?

Tchoung-Young, XIX, 1-6.

Après les devoirs envers la famille, les philosophes chinois placent au premier rang ceux
envers les amis. Dans tous les entretiens de Confucius et de Mencius, les relations de l'amitié
tiennent une place importante. Elles y figurent
comme un lien entre les affections familiales et
l'amour de l'humanité. Les philosophes chinois
ne paraissent pas d'ailleurs admettre que l'amitié
soit possible entre d'autres gens que les hommes
vertueux.

· Meng-Tseu dit : Si vous ne vous prévalez pas de la
supériorité de votre âge, si vous ne vous prévalez pas
de vos honneurs, si vous ne vous prévalez pas de la
richesse ou de la puissance de vos frères, vous pouvez
contracter des liens d'amitié ! Contracter des liens d'a-
mitié avec quelqu'un, c'est contracter amitié avec sa
vertu. Il ne doit pas y avoir d'autre motif de liaison
d'amitié.

Meng-Tseu, Hia-Meng, IV, 3.

Tseu-Koung demanda comment il fallait se comporter
dans ses relations avec ses amis. Le philosophe dit :
Avertissez avec droiture de cœur et ramenez votre ami
dans le chemin de la vertu. Si vous ne pouvez pas
agir ainsi, abstenez-vous ; ne vous déshonorez pas vous-
même.

Lun-Yu, XII, 23.

Khoung-Tseu dit : Il y a trois sortes d'amis qui sont
utiles et trois sortes qui sont nuisibles. Les amis droits
et véridiques, les amis fidèles et vertueux, les amis
qui ont éclairé leur intelligence, sont les amis utiles ;

les amis qui affectent une gravité tout extérieure et sans droiture, les amis prodigues d'éloges et de basses flatteries, les amis qui n'ont que de la loquacité sans intelligence, sont les amis nuisibles.

Lun-Yu, XV, 4.

* *

L'amitié que l'on a pour les hommes vertueux avec lesquels on vit journellement conduit à aimer tous les hommes vertueux de son pays et à rechercher, par la lecture, la société des hommes vertueux de l'antiquité. Le lettré se lie ainsi d'amitié avec les lettrés du monde entier et de tous les temps.

Weng-Tseu interpellant Wen-Tchang dit : Le lettré vertueux d'un village se lie spontanément d'amitié avec les lettrés vertueux de ce village; le lettré vertueux d'un royaume se lie spontanément d'amitié avec les lettrés vertueux de ce royaume; le lettré vertueux d'un empire se lie spontanément d'amitié avec les lettrés vertueux de cet empire.

Pensant que les liens d'amitié qu'il contracte avec les lettrés vertueux de l'empire ne sont pas encore suffisants, il veut remonter plus haut, et il examine les œuvres des hommes de l'antiquité; il récite leurs vers, il lit et explique leurs livres. S'il ne connaissait pas intimement ces hommes, en serait-il capable? C'est pourquoi il examine attentivement leur siècle. C'est ainsi qu'en remontant encore plus haut, il contracte de plus nobles amitiés.

Meng-Tseu, *Hia-Meng*, IV, 8.

* *

. En s'élargissant, les affections amicales se transforment en humanité, c'est-à-dire en affection
pour tous les hommes.

Tseu-Koung demanda en quoi consistait la pratique
de l'humanité. Le philosophe dit : L'artisan qui veut
bien exécuter son œuvre doit commencer par bien
aiguiser ses instruments. Lorsque vous habiterez dans
un État quelconque, fréquentez, pour les imiter, les
sages d'entre les grands fonctionnaires de cet État, et
liez-vous d'amitié avec les hommes humains et vertueux d'entre les lettrés.

Lun-Yu, XV, 9.

Meng-Tseu dit : Le fruit le plus précieux de l'humanité, c'est de servir ses parents. Le fruit le plus précieux de l'équité, c'est de déférer aux avis de son
frère aîné.

Le fruit le plus précieux de la prudence ou de la
sagesse, c'est de connaitre ces deux choses et de ne
pas s'en écarter. Le fruit le plus précieux de l'urbanité
est de remplir ces deux devoirs avec complaisance et
délicatesse.

Meng-Tseu, *Hia-Meng*, I, 27.

La musique est considérée par les philosophes
chinois comme l'un des moyens de répandre la
bonne harmonie parmi les hommes. Elle occupe,
à cet égard, une très large place dans leurs entretiens.

Le fruit le plus précieux de la musique (qui produit

la concorde et l'harmonie) est d'aimer ces deux choses.
Si on les aime, elles naissent aussitôt. Une fois nées,
produites, comment pourrait-on réprimer les sentiments qu'elles inspirent? Ne pouvant réprimer les
sentiments que ces vertus inspirent, alors, sans le
savoir, les pieds les manifestent par leurs mouvements cadencés, et les mains par leurs battements.

Meng-Tseu, *Hia-Meng*, I, 27.

* * *

Le devoir de tout homme est de faire échange
avec les autres de tout ce qu'il possède, soit dans
le domaine moral, soit dans le domaine matériel.
C'est seulement par ces échanges que chacun peut
arriver à ne manquer de rien.

Meng-Tseu dit : Si vous ne communiquez pas vos
mérites aux autres hommes; si vous n'échangez rien
de ce que vous possédez contre ce que vous ne possédez pas, afin que par votre superflu, vous vous procu-
riez ce qui vous manque, alors le laboureur aura du
millet de reste, la femme aura de la toile dont elle ne
saura que faire. Mais si vous faites part aux autres de
ce que vous possédez (par des échanges), alors le charpentier et le charron pourront être nourris par vous.

Meng-Tseu, VI, 4.

* * *

L' « humanité » ne saurait exister que chez les
hommes remplissant toutes les règles morales,
depuis celles qui concernent l'individu envisagé

isolément, jusqn'à celles qui tracent la conduite à suivre envers tous les hommes.

D'autre part, à quelque degré de vertu qu'un homme soit parvenu, il doit toujours rechercher les hommes plus vertueux que lui, afin de les imiter. L'humanité devient ainsi le lien commun de tous les hommes de bien.

Tseu-Tchang demanda à Khoung-Tseu ce que c'était que la vertu de l'humanité.

Khoung-Tseu dit : Celui qui peut accomplir cinq choses dans le monde est doué de la vertu de l'humanité.

Tseu-Tchang demanda, en suppliant, quelles étaient ces cinq choses.

Le philosophe dit : Le respect de soi-même et des autres, la générosité, la fidélité ou la sincérité, l'application au bien et la bienveillance pour tous.

Le grand Chun avait encore des sentiments plus élevés ; pour lui la vertu était commune à tous les hommes. Si quelques-uns d'entre eux étaient plus vertueux que lui, il faisait abnégation de lui-même pour les imiter. Il se réjouissait d'emprunter ainsi des exemples de vertu aux autres hommes, pour pratiquer lui-même cette vertu.

Dès le temps où il labourait la terre, où il fabriquait de la poterie, où il faisait le métier de pêcheur, jusqu'à celui où il exerça la souveraineté impériale, il ne manqua jamais de prendre pour exemple les bonnes actions des autres hommes.

Meng-Tseu, III, 8.

Parmi les devoirs sociaux, les philosophes chinois placent au premier rang le respect pour les vieillards et pour les hommes investis de fonctions publiques. Dans quelque situation sociale que l'on soit, on doit respecter les vieillards, les magistrats, les gens en deuil.

Lorsque le philosophe voyait quelqu'un en habits de deuil, ou portant le bonnet et la robe de magistrat, ou aveugle, quand même il eût été plus jeune que lui, il se levait à son approche. S'il passait devant lui assis, le philosophe accélérait le pas.

Lun-Yu, IX, 9.

*
* *

Dans la page suivante, le philosophe chinois met clairement en relief la relation qu'il admet et qui existe réellement entre tous les devoirs individuels, familiaux et sociaux exposés ci-dessus :

Si celui qui est dans un rang inférieur n'obtient pas la confiance de son supérieur, le peuple ne peut pas être bien administré ; il y a un principe certain dans la détermination de ce rapport : celui qui n'est pas sincère et fidèle avec ses amis n'obtiendra pas la confiance de ses supérieurs. Il y a un principe certain pour déterminer les rapports de sincérité et de fidélité avec les amis : celui qui n'est pas soumis envers ses parents n'est pas sincère et fidèle avec ses amis. Il y a un principe certain pour déterminer les rapports d'obéissance envers les parents : si, en faisant un retour

sur soi-même, on ne se trouve pas entièrement dépouillé
de tout mensonge, de tout ce qui n'est pas la vérité ;
si l'on ne se trouve pas parfait enfin, on ne remplit pas
complètement ses devoirs d'obéissance envers ses parents. Il y a un principe certain pour reconnaître l'état
de perfection. Celui qui ne sait pas distinguer le bien
du mal, le vrai du faux, qui ne sait pas reconnaître
dans l'homme le mandat du ciel, n'est pas encore
arrivé à la perfection.

Tchoung-Young, XX, 16.

La règle de conduite du sage mêlé aux affaires
publiques est tracée, d'une manière très précise,
dans le chapitre x du *Lun-Yu,* qui peut être considéré comme le code rituel des relations sociales,
d'après le philosophe Confucius :

Khoung-Tseu, lorsqu'il résidait encore dans son
village, était extrêmement sincère et droit ; mais il
avait tant de modestie, qu'il paraissait dépourvu de la
faculté de parler.

Lorsqu'il se trouva dans le temple des ancêtres et à
la cour de son souverain, il parla clairement et dis-
tinctement ; et tout ce qu'il dit portait l'empreinte de
la réflexion et de la maturité.

A la cour, il parla aux officiers inférieurs avec fermeté et droiture ; aux officiers supérieurs, avec une
franchise polie.

Lorsque le prince était présent, il conservait une
attitude respectueuse et digne.

Lorsque le prince le mandait à sa cour et le char-
geait de recevoir les hôtes, son attitude changeait sou-

dain. Sa démarche était grave et mesurée, comme s'il avait eu des entraves aux pieds.

S'il venait à saluer les personnes qui se trouvaient autour de lui, soit à droite, soit à gauche, sa robe, devant et derrière, tombait toujours droite et bien disposée.

Son pas était accélé en introduisant les hôtes, et il tenait les bras étendus comme les ailes d'un oiseau.

Quand l'hôte était parti, il se faisait un devoir d'aller rendre compte (au prince) de sa mission en lui disant : « L'hôte n'est plus en votre présence. »

Lorsqu'il entrait sous la porte du palais, il inclinait le corps, comme si la porte n'avait pas été assez haute pour le laisser passer.

Il ne s'arrêtait point en passant sous la porte, et dans sa marche il ne foulait point le seuil de ses pieds.

En passant devant le trône, sa contenance changeait tout à coup ; sa démarche était grave et mesurée, comme s'il avait eu des entraves. Ses paroles semblaient aussi embarrassées que ses pieds.

Prenant sa robe avec les deux mains, il montait ainsi dans la salle du palais, le corps incliné, et retenait son haleine comme s'il n'eût pas osé respirer.

En sortant, après avoir fait un pas, il se relâchait peu à peu de sa contenance grave et respectueuse et prenait un air riant ; et quand il atteignait le bas de l'escalier, laissant retomber sa robe, il étendait de nouveau les bras comme les ailes d'un oiseau ; et en repassant devant le trône, sa contenance changeait de nouveau, et sa démarche était grave et mesurée, comme s'il avait eu des entraves aux pieds.

En recevant la marque distinctive de sa dignité (comme envoyé de son prince), il inclina profondément le corps comme s'il n'avait pu la supporter. Ensuite il l'éleva en haut avec les deux mains, comme s'il avait voulu la présenter à quelqu'un, et la baissa jusqu'à terre, comme pour la remettre à un autre ; présentant dans sa contenance et son altitude l'apparence de la crainte, et dans sa démarche tantôt lente, tantôt rapide, comme les différents mouvements de son âme.

En offrant les présents royaux rituéliques, il avait une contenance grave et affable ; en offrant les autres présents, son air avait encore quelque chose de plus affable et de plus prévenant.

Le philosophe ne portait point de vêtements avec parements pourpre ou bleu foncé.

Il ne faisait point ses habillements ordinaires d'étoffe rouge ou violette.

Dans la saison chaude, il portait une robe d'étoffe de chanvre, fine ou grossière, sous laquelle il en mettait toujours une autre pour faire ressortir la première.

Ses vêtements noirs (d'hiver) étaient fourrés de peaux d'agneau ; ses vêtements blancs, de peaux de daim ; ses vêtements jaunes, de peaux de renard.

La robe qu'il portait chez lui eut, pendant longtemps, la manche droite plus courte que l'autre.

Son vêtement de nuit ou de repos était toujours une fois et demie aussi long que son corps.

Il portait dans sa maison des vêtements épais, faits de poil de renard.

Excepté dans les temps de deuil, aucun motif ne l'empêchait de porter, attaché à ses vêtements, tout ce qui était d'usage.

S'il ne portait pas le vêtement propre aux sacrifices et aux cérémonies, nommé wei-chang, sa robe était toujours un peu ouverte sur le côté.

Il n'allait pas faire de visites de condoléance avec une robe garnie de peaux d'agneau et un bonnet noir.

Le premier jour de chaque lune, il mettait ses habits de cour et se rendait au palais (pour présenter ses devoirs au prince).

Dans les jours d'abstinence, il se couvrait constamment d'une robe blanche, de lin.

Dans ces mêmes jours d'abstinence, il se faisait toujours un devoir de changer sa manière de vivre ; il se faisait aussi un devoir de changer le lieu où il avait l'habitude de reposer.

Quant à la nourriture, il ne rejetait pas le riz cuit à l'eau, ni les viandes de bœuf ou de poisson découpées en petits morceaux.

Il ne mangeait jamais de mets corrompus par la chaleur, ni de poisson, ni des autres viandes déjà entrées en putréfaction. Si la couleur en était altérée, il n'en mangeait pas ; si l'odeur en était mauvaise, il n'en mangeait pas ; s'ils avaient perdu leur saveur, il n'en mangeait pas ; si ce n'était pas des produits de la saison, il n'en mangeait pas.

La viande qui n'était pas coupée en lignes droites, il ne la mangeait pas. Si un mets n'avait pas la sauce qui lui convenait, il n'en mangeait pas.

Quand même il aurait eu beaucoup de viande à son repas, il faisait en sorte de n'en prendre jamais une quantité qui excédât celle de son pain ou de son riz. Il n'y avait que pour sa boisson qu'il n'était pas réglé ; mais il n'en prenait jamais une quantité qui pût porter le trouble dans son esprit.

Si le vin était acheté sur un marché public, il n'en buvait pas ; si on lui présentait de la viande sèche achetée sur les marchés, il n'en mangeait pas.

Il ne s'abstenait pas de gingembre dans ses aliments.

Il ne mangeait jamais beaucoup.

Quand on offrait les sacrifices et les oblations, dans

les palais du prince, il ne retenait pas pour lui, même
pour une nuit, la viande qu'il avait reçue. Quand il
offrait lui-même les oblations de viande à ses ancêtres,
il ne passait pas trois jours sans la servir ; si les trois
jours étaient passés, on ne la mangeait plus.

En mangeant, il n'entretenait point de conversation ;
en prenant son repos au lit, il ne parlait point.

Quand même il n'eut pris que très peu d'aliments,
et des plus communs, soit des végétaux, ou du bouillon, il en offrait toujours une petite quantité comme
oblation ou libation ; et il faisait cette cérémonie avec
le respect et la gravité convenables.

Si la natte sur laquelle il devait s'asseoir n'était pas
étendue régulièrement, il ne s'asseyait pas dessus.

Quand des habitants de son village l'invitaient à un
festin, il ne sortait de table que lorsque les vieillards
qui portaient des bâtons étaient eux-mêmes sortis.

Quand les habitants de son village faisaient la cérémonie nommée *nô*, pour chasser les esprits malins, il
se revêtait de sa robe de cour, et allait s'asseoir parmi
les assistants du côté oriental de la salle.

Quand il envoyait quelqu'un prendre des informations dans d'autres États, il lui faisait deux fois la
révérence et l'accompagnait jusqu'à une certaine distance.

Kang-tseu lui ayant envoyé un certain médicament,
il le reçut avec un témoignage de reconnaissance ;
mais il dit : Khieou ne connaît pas assez ce médicament, il n'ose pas le goûter.

Son écurie ayant été incendiée, le philosophe, de
retour de la cour, dit : Le feu a-t-il atteint quelque
personne ? Je ne m'inquiète pas des chevaux.

Lorsque le prince lui envoyait en présent des aliments, il se faisait aussitôt un devoir de les placer
régulièrement sur sa table et de les goûter. Lorsque

le prince lui envoyait un présent de chair crue, il la faisait toujours cuire et il l'offrait ensuite (aux mânes de ses ancêtres). Si le prince lui envoyait en présent un animal vivant, il se faisait un devoir de le nourrir et de l'entretenir avec soin. S'il était invité par le prince à dîner à ses côtés, lorsque celui-ci se disposait à faire une oblation, le philosophe en goûtait d'abord.

S'il était malade, et que le prince allât le voir, il se faisait mettre la tête à l'orient, se revêtait de ses habits de cour et se ceignait de sa plus belle ceinture.

Lorsque le prince le mandait près de lui, sans attendre son attelage, qui le suivait, il s'y rendait à pied.

Lorsqu'il entrait dans le grand temple des ancêtres, il s'informait minutieusement de chaque chose.

Si quelqu'un de ses amis venait à mourir n'ayant personne pour lui rendre les devoirs funèbres, il disait : Le soin de ses funérailles m'appartient.

Recevait-il des présents de ses amis, quoique ce fussent des chars et des chevaux, s'il n'y avait pas de viande qu'il pût offrir comme oblation à ses ancêtres, il ne les remerciait par aucune marque de politesse.

Quand il se livrait au sommeil, il ne prenait pas la position d'un homme mort ; et lorsqu'il était dans sa maison, il se dépouillait de sa gravité habituelle.

Si quelqu'un lui faisait une visite pendant qu'il portait des habits de deuil, quand même c'eût été une personne de sa connaissance particulière, il ne manquait jamais de changer de contenance et de prendre un air convenable ; s'il rencontrait quelqu'un en bonnet de cérémonie, ou qui fût aveugle, quoique lui-même ne portât que ses vêtements ordinaires, il ne manquait jamais de lui témoigner de la déférence et du respect.

Quand il rencontrait une personne portant des vêtements de deuil, il la saluait en descendant de son attelage ; il agissait de même lorsqu'il rencontrait les personnes qui portaient les tablettes sur lesquelles étaient inscrits les noms des citoyens.

Si l'on avait préparé pour le recevoir un festin splendide, il ne manquait jamais de changer de contenance et de se lever de table pour s'en aller.

Quand le tonnerre se faisait entendre tout à coup, ou que se levaient des vents violents, il ne manquait jamais de changer de contenance (de prendre un air de crainte respectueuse envers le ciel).

Quand il montait sur son char, il se tenait debout ayant les rênes en main.

Quand il se tenait au milieu, il ne regardait point en arrière, ni ne parlait sans un motif grave ; il ne montrait rien du bout du doigt.

Il disait : Lorsque l'oiseau aperçoit le visage du chasseur, il se dérobe à ses regards, et il va se reposer dans un lieu sûr.

Il disait encore : « Que le faisan qui habite là, au sommet de la colline, sait bien choisir son temps (pour prendre sa nourriture) ! » Tseu-lou ayant vu le faisan, voulut le prendre ; mais celui-ci poussa trois cris et s'envola.

Lun-Yu, **X.**

III

LA MORALE POLITIQUE

DES PHILOSOPHES CHINOIS

Des règles morales exposées ci-dessus, les philosophes chinois déduisent tout un système social et politique extrêmement remarquable.

Le talent et la vertu sont, à leurs yeux, les seules voies par lesquelles on puisse parvenir à l'empire ; sans ces qualités, personne ne saurait acquérir ou garder le pouvoir.

Celui-ci, par conséquent, ne peut pas être héréditaire ; il revient au plus digne et ne peut lui échapper ; les mauvais princes, au contraire, sont fatalement condamnés à le perdre.

Une deuxième conséquence de cette conception politique, est qu'il ne peut pas exister davantage de noblesse héréditaire que d'empire nécessairement transmissible de père en fils.

L'homme qui aspire à gouverner les autres ne

doit pas seulement être doué des facultés particu-
lières à l'exercice de ses hautes fonctions, il doit
remplir aussi tous les devoirs imposés aux autres
hommes et pratiquer les vertus les plus communes.
S'il est mauvais fils et mauvais ami, s'il ne respecte pas les vieillards, les gens instruits et vertueux et s'il ne fait pas appel à leur concours, il
sera un mauvais prince, ne sera point aimé du
peuple et perdra son empire. Si, au contraire, il
suit fidèlement toutes les règles morales auxquelles l'humanité entière doit obéir, il jouira de
l'affection de son peuple, conservera l'empire et
sera pleuré par la nation.

Dans sa préface du Commentaire sur le *Ta-Hio*,
le philosophe Tchou-Li écrit :

Quoique tous les hommes possèdent certaines dispositions naturelles et constitutives qu'ils ont reçues en
naissant, il en est quelques-uns qui n'ont pas le pouvoir ou la faculté de les cultiver et de les bien diriger.
C'est pourquoi ils ne peuvent pas tous avoir en eux
les moyens de connaître les dispositions existantes de
leur propre nature et ceux de leur donner leur complet développement. Il en est qui, possédant une
grande perspicacité, une intelligence pénétrante,
une connaissance intuitive, une sagesse profonde,
peuvent développer toutes les facultés de leur nature
et ils se distinguent au milieu de la foule qui les envi-
ronne ; alors le ciel leur a certainement donné le

mandat d'être les chefs et les a chargés de la mission
de les gouverner et de les instruire, afin de les faire
retourner à la pureté primitive de leur nature.

Yao étant devenu vieux, Chun prit en mains l'administration de l'empire. Le *Yao-tian* dit : lorsque après
vingt-huit ans (de l'administration de Chun), le prince
aux immenses vertus (Yao) mourut, toutes les familles
de l'Empire, comme si elles avaient porté le deuil de
leur père et de leur mère décédés, le pleurèrent pendant trois ans, et les peuples qui parcourent les rivages
des quatre mers s'arrêtèrent et suspendirent dans le
silence les huit sons.

Le philosophe a dit : qu'elle était grande la piété filiale
de Chun ! Il fut un saint par sa vertu ; sa dignité fut la
dignité ; ses possessions s'étendaient aux quatre mers ;
il offrit les sacrifices impériaux à ses ancêtres dans le
temple qui leur était consacré ; ses fils et ses petits-fils
conservèrent ses honneurs dans une suite de siècles.

C'est ainsi que sa grande vertu fut, sans aucun doute,
le principe qui lui fit obtenir sa dignité impériale, ses
revenus publics, sa renommée et la longue durée de
sa vie.

Tchoung-Young, XVII, 1-2.

* *

De même que l'empire revient au plus vertueux,
les hommes sages et instruits sont naturellement
désignés pour remplir les fonctions publiques.

Tcheou-Siao fit une question en ces termes : les
hommes supérieurs de l'antiquité remplissaient-ils des
fonctions publiques ?

Meng-Tseu dit : Ils remplissaient les fonctions

publiques ; l'histoire dit : Si Khoung-Tseu passait trois lunes sans obtenir de son prince un emploi public, alors il était dans un état inquiet et triste. S'il franchissait les frontières de son pays pour aller dans un État voisin, il portait toujours avec lui des dons de bonne réception.

Koung-Ming disait : Lorsque les hommes de l'antiquité passaient trois lunes sans obtenir de leurs princes des emplois publics, alors ils étaient vivement affligés.

Meug-tseu dit : pour un lettré, perdre son emploi, c'est comme pour les princes perdre leur royaume.

Meng-tseu dit : pour un lettré, occuper un emploi public, c'est comme pour un laboureur cultiver la terre.

Les hommes de l'antiquité ont toujours désiré occuper des emplois publics ; mais de plus ils détestaient de ne pas suivre la voie directe.

Meng-Tseu, VI, 3.

Le philosophe dit : l'homme supérieur n'est pas un vain ustensile employé aux usages vulgaires.

Lun-Yu, II, 12.

Voir un homme de bien et de talent et ne pas lui donner de l'élévation ; lui donner de l'élévation et ne pas le traiter avec toute la déférence qu'il mérite, c'est lui faire injure. Voir un homme pervers et ne pas le repousser ; le repousser et ne pas l'éloigner à une grande distance, c'est une chose condamnable pour un prince.

Ta-Hio, X, 15.

Les princes doivent employer les hommes sages et instruits, leur donner des fonctions publiques et les honorer, sous peine de perdre le pouvoir.

Meng-tseu dit : le roi de Yu, n'ayant pas employé (le sage) Pe-li-hi, perdit son royaume. Wou-Koung de Thsin, l'ayant employé, devint chef des princes vassaux. S'il n'avait pas employé des sages dans ses conseils, alors il aurait perdu son royaume.

Meng-Tseu, Hia-Meng, VI, 6.

Honorez les sages (en les élevant aux emplois et aux dignités) ; donnez des traitements aux hommes de talent et de génie ; produisez au grand jour les hommes vertueux.

Meng-Tseu, Hia-Meng, VI, 7.

*
* *

Les devoirs des princes envers les hommes sages et instruits sont encore tracés très nettement dans les passages suivants, où se montre aussi l'amour-propre des lettrés et les sentiments qu'ils ont de leur force vis-à-vis du souverain.

Tchin-Tseu dit : Comment les hommes supérieurs de l'antiquité acceptaient-ils et géraient-ils un ministère ?

Meng-Tseu dit : Trois conditions étaient exigées pour accepter un ministère et trois pour s'en démettre.

D'abord, si le prince, en recevant ces hommes supérieurs, leur avait témoigné des sentiments de respect, s'il avait montré de l'urbanité ; si, après avoir entendu leurs maximes, il se disposait à les mettre aussitôt en pratique, alors ils se rendaient près de lui. Si, par la suite, sans manquer d'urbanité, le prince ne mettait pas leurs maximes en pratique, alors ils se retiraient.

Secondement : Quoique le prince n'eût pas encore mis leurs maximes en pratique, si, en les recevant, il leur avait témoigné du respect et montré de l'urbanité, alors ils se rendaient près de lui. Si ensuite l'urbanité venait à manquer, ils se retiraient.

Troisièmement : Si, le matin, le prince laissait ses ministres sans manger, s'il les laissait également le soir sans manger ; que, exténués de besoins, ils ne pussent sortir de ses États et que le prince, en apprenant leur position, dise : « Je ne puis mettre en pratique leurs doctrines qui sont pour eux la chose la plus importante ; je ne puis également suivre leur avis ; mais cependant, faire en sorte qu'ils meurent sur mon territoire, c'est ce dont je ne puis m'empêcher de rougir ; » si, dis-je, dans ces circonstances, il vient à leur secours (en leur donnant des aliments), ils peuvent en accepter pour s'empêcher de mourir, mais rien de plus.

Meng-Tseu, Hia-Meng, VI, 14.

*
* *

L'homme instruit et vertueux n'a pas le droit de refuser les fonctions publiques.

Tseu-Lou dit : Ne pas accepter d'emploi public est contraire à la justice. Si on se fait une loi de ne pas violer l'ordre des rapports qui existent entre les différents âges, comment serait-il permis de violer la loi de justice, bien plus importante, qui existe entre les ministres et le prince ? Désirant conserver pure sa personne, on porte le trouble et la confusion dans les grands devoirs sociaux. L'homme supérieur qui accepte un emploi public remplit son devoir.

Lun-Yu, XVIII, 7.

Le philosophe dit : Si l'on ne se croit pas chargé de remplir une mission, un mandat, on ne peut pas être considéré comme un homme supérieur.

Lun-Yu, XX, 3.

*
* *

En donnant des fonctions publiques à des hommes instruits, le prince gagne le cœur de tous les hommes instruits, des lettrés, de son royaume et s'attire leur fidélité. De celle-ci découlera naturellement celle du peuple entier, puisque nul sujet n'est écarté de l'instruction et que, d'après la doctrine des philosophes, tout homme peut, avec de la persévérance, arriver à l'instruction et à la perfection morale qui donnent droit aux fonctions publiques.

Meng-Tseu dit : Si le prince honore les sages et emploie les hommes de mérite dans des commandements ; si ceux qui sont distingués par leurs talents et leurs vertus sont placés dans les hautes fonctions publiques, alors tous les lettrés de l'empire seront dans la joie et désireront demeurer à sa cour.

Meng-Tseu, III, 5.

*
* *

Le philosophe chinois considère comme une nécessité sociale, conséquence de l'inégalité des intelligences, la présence dans une nation de gens plus instruits que les autres et auxquels reviennent les fonctions publiques et de gens qui, par leur travail, nourrissent les premiers.

Quoique le territoire de l'Etat de Teng soit étroit et petit, il faut qu'il y ait des hommes supérieurs par leur savoir (des fonctionnaires publics), il faut qu'il y ait des hommes rustiques. S'il n'y a pas d'hommes supérieurs ou des fonctionnaires publics, personne ne se trouvera pour gouverner et administrer les hommes rustiques ; s'il n'y a pas d'hommes rustiques, personne ne nourrira les hommes supérieurs ou les fonctionnaires publics.

Meng-Tseu, V, 3.

C'est pourquoi il est dit : Les uns travaillent de leur intelligence, les autres travaillent de leurs bras. Ceux qui travaillent de leur intelligence gouvernent les hommes ; ceux qui travaillent de leurs bras sont gouvernés par les hommes. Ceux qui sont gouvernés par les hommes nourrissent les hommes ; ceux qui gouvernent les hommes sont nourris par les hommes. C'est la loi universelle du monde.

Meng-Tseu, V, 4.

Koung-Sun-Tcheou dit : On lit dans le livre des vers « que personne ne mange inutilement ». L'homme supérieur ne laboure pas et cependant il mange ; pourquoi cela ?

Meng-Tseu dit : Lorsqu'un homme supérieur habite un royaume, si le prince l'emploie dans ses conseils, alors l'État est tranquille, le trésor public est rempli, le gouvernement est honoré et couvert de gloire. Si les fils et les frères cadets du royaume suivent les exemples de vertu qu'il leur donne, alors ils deviennent pieux envers leurs parents, pleins de déférence pour leurs aînés, de droiture et de sincérité envers tout le monde. Ce n'est pas là manger inutilement (les produits ou les revenus des autres). Qu'y a-t-il, au contraire, de plus grand et de plus digne ?

> Meng-Tseu, *Hia-Meng,* VII, 32.

*
* *

Ainsi que les citations précédentes l'indiquent, les philosophes chinois sont d'avis que les fonctions publiques doivent nourrir ceux qui les exercent. Ils y reviennent dans divers passages des quatre livres.

Voir, plus haut, ce mot de Mencius :

Ceux qui gouvernent les hommes sont nourris par les hommes.

*
* *

Voici un autre passage du même philosophe, très significatif :

Je voudrais que dans les campagnes éloignées des villes, sur neuf divisions quadrangulaires égales, une d'elles (celle du milieu) fût cultivée en commun pour subvenir aux traitements des magistrats ou fonctionnaires publics par la corvée d'assistance ; et que, dans le milieu du royaume (près de la capitale) on prélevât la dîme, comme impôt ou tribu.

Tous les fonctionnaires publics, depuis les plus élevés en dignité jusqu'aux plus humbles, doivent chacun avoir un champ pur (dont les produits sont employés uniquement dans les sacrifices ou cérémonies en l'honneur des ancêtres). Le champ pur doit contenir cinquante arpents.

Meng-Tseu, V, 3.

*
* *

La fonction faisant vivre celui qui l'exerce, il ne doit pas y avoir de fonction héréditaire. Toute fonction doit revenir au plus digne et chacun ne doit exercer qu'une seule fonction, de manière à éviter le cumul.

Que les lettrés n'aient pas de charges ou magistratures héréditaires ; que les devoirs des différentes fonctions publiques ne soient pas remplis par la même personne. En choisissant un lettré pour lui conférer un emploi public, vous devez préférer celui qui a le plus de mérites.

Meng-Tseu, Hia-Meng, VI, 7.

*
* •

La doctrine politique des philosophes chinois, c'est-à-dire la façon dont ils conçoivent les devoirs des souverains et ceux des peuples, découle de leur conception de la famille :

Un peuple est une famille. Le souverain est « le père et la mère » de ses sujets. C'est dans sa

propre famille qu'il acquiert la connaissance des
règles du gouvernement; ses sujets l'aiment
comme l'enfant aime sa mère, pour les mêmes
motifs, c'est-à-dire en raison des bienfaits qu'ils
en reçoivent. De même que la mère gagne par
ses tendres soins l'affection de son enfant, de même
le souverain doit s'attacher ses sujets par une
conduite bienveillante, juste et humaine. Il doit
donner au peuple l'exemple de toutes les vertus,
afin que le peuple soit vertueux.

Les expressions du texte : « Pour bien gouverner un
royaume, il est nécessaire de s'attacher auparavant à
mettre le bon ordre dans sa famille » peuvent s'expli-
quer ainsi : Il est impossible qu'un homme qui ne
peut pas instruire sa propre famille puisse instruire
les hommes. C'est pourquoi le fils de prince, sans
sortir de sa famille, se perfectionne dans l'art d'instruire et de gouverner un royaume. La piété filiale est
le principe qui le dirige dans ses rapports avec le souverain ; la déférence est le principe qui le dirige dans
ses rapports avec ceux qui sont plus âgés que lui; la
bienveillance la plus tendre est le principe qui le
dirige dans ses rapports avec la multitude.

Ta-Hio, **IX, 1.**

Le seul prince qui inspire de la joie, c'est celui qui
est le père et la mère du peuple ! Ce que le peuple
aime, l'aimer; ce que le peuple hait, le haïr.: voilà ce
qui est appelé être le père et la mère du peuple.

Ta-Hio, **X, 3.**

Les peuples imitent les rois et les princes. Quand les princes sont vertueux, les peuples le sont également ; quand les princes sont mauvais, cruels, cupides, etc., les peuples le sont aussi.

Yao et Chun gouvernèrent l'empire avec humanité, et le peuple les imita. Kie et Tcheou gouvernèrent l'empire avec cruauté, et le peuple les imita.

Ta-Hio, IX, 4.

Un seul homme, le prince, étant avare et cupide, suffira pour causer du désordre dans une nation.

Ta-Hio, IX, 3.

Le prince dont la conduite est toujours pleine d'équité et de sagesse, verra les hommes des quatre parties du monde imiter sa droiture. Il remplit ses devoirs de père, de fils, de frère aîné et de frère cadet, et ensuite le peuple l'imite.

Ta-Hio, IX, 8.

Que celui qui est dans une position supérieure, ou le prince, traite ses père et mère avec respect, et le peuple aura de la piété filiale ; que le prince honore la supériorité d'âge entre les frères, et le peuple aura de la déférence fraternelle ; que le prince ait de la commisération pour les orphelins, et le peuple n'agira pas d'une manière contraire. C'est pour cela que le peuple a en lui la règle et la mesure de toutes les actions.

Ta-Hio, X, 1.

Si un prince ne pense qu'à amasser des richesses, alors le peuple, pour l'imiter, s'abandonne à toutes les passions mauvaises ; si, au contraire, il dispose conve-

nablement des revenus publics, alors le peuple se main-
tient dans l'ordre et la soumission.

Ta-Hio, X, 8.

Meng-Tseu dit : les hommes ont une manière constante de parler. Tous disent : l'empire, le royaume, la
famille. La base de l'empire existe dans le royaume ; la
base du royaume existe dans la famille ; la base de la
famille existe dans la personne.

Meng-Tseu, *Hia-Meng*, I, 5.

*
* *

Voici les règles principales auxquelles les
princes doivent obéir dans leur conduite privée
et publique :

Le prince ne peut pas se dispenser de corriger et de
perfectionner sa personne. Dans l'intention de corriger
et perfectionner sa personne il ne peut pas se dispenser
de rendre à ses parents ce qui leur est dû. Dans l'intention de rendre à ses parents ce qui leur est dû, il ne
peut pas se dispenser de connaître les hommes sages
pour les honorer et pour qu'ils puissent l'instruire de
ses devoirs. Dans l'intention de connaître les hommes
sages, il ne peut pas se dispenser de connaître le ciel,
ou la loi qui dirige dans la pratique des devoirs prescrits.

Tous ceux qui gouvernent les empires et les
royaumes ont neuf règles invariables à suivre : se
régler ou se perfectionner soi-même, révérer les sages,
aimer ses parents, honorer les premiers fonctionnaires de l'État ou les ministres, être en parfaite harmonie avec tous les autres fonctionnaires et magistrats,

traiter et chérir le peuple comme un fils, attirer près de soi tous les savants et les artistes, accueillir agréablement les hommes qui viennent de loin, les étrangers, et traiter avec amitié tous les grands vassaux.

Tchoung-Young, XX, 6-11.

Ki-Kang (Grand du royaume de Lou) demanda comment il faudrait faire pour rendre le peuple respectueux, fidèle, et pour l'exciter à la pratique de la vertu.

Le philosophe dit : Surveillez-le avec dignité et fermeté, et alors il sera respectueux ; ayez de la piété filiale et de la commisération, et alors il sera fidèle ; élevez aux charges publiques et aux honneurs les hommes vertueux et donnez de l'instruction à ceux qui ne peuvent se la procurer par eux-mêmes, alors il sera excité à la vertu.

Lun-Yu, II, 20.

Ki-Kang-Tseu questionna Khoung-Tseu sur le gouvernement. Khoung-Tseu répondit avec déférence : le gouvernement, c'est ce qui est juste et droit. Si vous gouvernez avec justice et droiture, qui oserait ne pas être juste et droit ?

Lun-Yu, XII, 17.

Ki-Kang-Tseu ayant une grande crainte des voleurs, questionna Khoung-Tseu à leur sujet : Khoung-Tseu lui répondit avec déférence : Si vous ne désirez point le bien des autres, quand même vous les en récompenseriez, vos sujets ne voleraient pas.

Lun-Yu, XII, 18.

*
* *

L'exemple de la vertu des princes vaut mieux que les châtiments, pour maintenir l'ordre et la vertu dans le peuple.

Ki-Kang-Tseu questionna de nouveau Khoung-Tseu sur la manière de gouverner, en disant : Si je mets à mort ceux qui ne respectent aucune loi, pour favoriser ceux qui observent les lois, qu'arrivera-t-il de là ?

Khoung-Tseu répondit avec déférence : Vous qui gouvernez les affaires publiques, qu'avez-vous besoin d'employer les supplices ? aimez la vertu et le peuple sera vertueux. Les vertus d'un homme supérieur sont comme le vent ; les vertus d'un homme vulgaire sont comme l'herbe : l'herbe, lorsque le vent passe dessus, s'incline.

Lun-Yu, XII, 19.

*
* *

Le bonheur de la nation découle de la bonne harmonie et de l'union entre le souverain et le peuple :

Lorsque le prince aime l'humanité et pratique la vertu, il est impossible que le peuple n'aime pas la justice; et lorsque le peuple aime la justice, il est impossible que les affaires du prince n'aient pas une heureuse fin ; il est également impossible que les impôts dûment exigés ne lui soient pas exactement payés.

Ta-Hio, X, 20.

*
* *

Les devoirs du prince découlent de l'influence que sa conduite personnelle exerce sur celle du peuple tout entier :

Voyez au loin cette montagne du midi avec ses rochers escarpés et menaçants! Ainsi, ministre Yu, tu brillais dans ta grandeur! Et le peuple te contemplait avec respect!

Celui qui possède un empire ne doit pas négliger de veiller attentivement sur soi-même pour pratiquer le bien et éviter le mal; s'il ne tient compte de ces principes, alors la ruine de son empire en sera la conséquence.

Ta-Hio, X, 4.

***

Il est aussi de l'intérêt personnel du prince de se bien conduire, car si sa conduite est conforme aux règles morales, s'il est vertueux, il gagne le cœur des hommes, il s'assure la tranquille jouissance de l'empire :

C'est pourquoi un prince doit, avant tout, veiller attentivement sur son principe rationnel et moral. S'il possède les vertus qui en sont la conséquence, il possédera le cœur des hommes; s'il possède le cœur des hommes, il possédera aussi le territoire; s'il possède le territoire, il en aura les revenus; s'il en a les revenus, il pourra en faire usage pour l'administration de l'Etat.

Le principe rationnel et moral est la base fondamentale ; les richesses ne sont que l'accessoire.

Ta-Hio, X, 6.

*
* *

Le prince doit mettre tous ses soins aux affaires de l'État, prendre à cœur les intérêts du peuple et réduire autant que possible les impôts et les corvées.

Ce dernier précepte n'est pas formulé en vain avec une grande insistance par les philosophes chinois : il n'y a pas de peuple au monde payant aussi peu d'impôts que le peuple de Chine.

Khoung-Tseu dit : Celui qui gouverne un royaume de mille chars doit obtenir la confiance du peuple, en apportant toute sa sollicitude aux affaires de l'État; il doit prendre vivement à cœur les intérêts du peuple en modérant ses dépenses et n'exiger les corvées des populations qu'en temps convenable.

Lun-Yu, I, 5.

*
* *

Dans le domaine politique, comme dans le domaine familial et social, la morale des philosophes chinois suppose que la récompense des vertus et le châtiment des mauvaises actions se trouvent ici-bas.

Si le prince est juste, il conservera son empire ; s'il est injuste, il perdra son trône.

Avant que les princes de la dynastie de Yu (ou Chang) eussent perdu l'affection du peuple, ils pouvaient être comparés au Très-Haut. Nous pouvons considérer dans eux que le mandat du ciel n'est pas facile à conserver. Ce qui veut dire : Obtiens l'affection du peuple, et tu obtiendras l'empire. Perds l'affection du peuple et tu perdras l'empire.

Ta-Hio, X, 5.

* *

Le châtiment auquel les mauvais princes s'exposent est gradué suivant leurs fautes. Le tyran sera mis à mort et son empire sera détruit. Les princes qui sont seulement mauvais ne sont exposés qu'aux menaces du peuple et flétris par les surnoms qu'on leur donne :

Si la tyrannie qu'un prince exerce sur son peuple est extrême, alors sa personne est mise à mort et son royaume est détruit. Si la tyrannie n'est pas poussée à l'extrême, alors sa personne est en danger et son royaume est menacé d'être divisé. Le peuple donne à ces princes les surnoms d'hébété (Yeou), de cruel (Li).

Meng-Tseu, *Hia-Meng,* I, 2.

* *

Le peuple est autorisé très explicitement, par les philosophes chinois, à résister aux décrets et ordonnances contraires à la justice. Les magistrats ayant rendu ces actes seront punis par la violence du peuple ; ceux qui s'enrichiront illégalement seront dépossédés des richesses mal acquises :

— Si un souverain ou des magistrats publient des décrets et des ordonnances contraires à la justice, ils éprouveront une résistance opiniâtre à leur exécution et aussi par des moyens contraires à la justice; s'ils acquièrent des richesses par des moyens violents et contraires à la justice, ils les perdront aussi par des moyens violents et contraires à la justice.

Ta-Hio, X, 9.

* *

Le pouvoir souverain n'est pas perpétuel ; on le perd ou on le conserve suivant l'usage qu'on en fait :

Le Khang-Kao dit : « Le mandat du ciel qui donne la souveraineté à un homme ne la lui confère pas pour toujours. » Ce qui signifie qu'en pratiquant le bien ou la justice, on l'obtient, et qu'en pratiquant le mal ou l'injustice, on la perd.

Ta-Hio, X, 10.

Meng-Tseu dit : Les fondateurs des trois dynasties obtinrent l'empire par l'inhumanité ; leurs successeurs le perdirent par l'humanité et la tyrannie. Voilà les causes qui renversent et élèvent les empires, qui les conservent ou les font périr.

Meng-Tseu, *Hia-Meng,* I, 3.

* *

Pour conserver ou conquérir l'empire, il faut avant tout gagner l'affection du peuple, ce qui est facile d'ailleurs, car les peuples se « rendent à l'humanité, comme l'eau coule en bas ».

Meng-Tseu dit : Kie et Cheou perdirent l'empire, parce qu'ils perdirent leurs peuples ; ils perdirent leurs peuples, parce qu'ils perdirent leur affection.

Il y a une voie sûre d'obtenir l'empire : il faut obtenir le peuple, et par cela même on obtient l'empire. Il y a une voie sûre d'obtenir le peuple : il faut obtenir son cœur ou son affection, et par cela même on obtient le peuple. Il y a une voie sûre d'obtenir le cœur du peuple : c'est de lui donner ce qu'il désire, de lui fournir ce dont il a besoin et de ne pas lui imposer ce qu'il déteste.

Le peuple se rend à l'humanité, comme l'eau coule en bas, comme les bêtes féroces se retirent dans les lieux déserts.

Meng-Tseu, Hia-Meng, I, 9.

*
* *

Si le prince a des devoirs envers le peuple, celui-ci en a également envers le prince et le philosophe chinois ne manque pas de le dire. Avant de montrer au prince son mécontentement, le peuple doit lui témoigner sa fidélité.

Si le peuple a donné à son prince des preuves de sa fidélité, il peut alors lui faire des remontrances ; s'il n'a pas encore donné des preuves de sa fidélité, il sera considéré comme calomniant son prince.

Lun-Yu, XIX, 10.

* * *

Les philosophes chinois professent pour la guerre des sentiments de répulsion qui éclatent à chaque instant dans leurs entretiens. En général, ils les condamnent toutes. La concession la plus forte qu'ils aient faite à la guerre est due à Mencius : il veut bien admettre que « certaines guerres sont d'une justice et d'une équité relatives ».

Meng-Tseu dit : S'il y a un homme qui dise : « Je sais parfaitement ordonner et diriger une armée, je sais parfaitement livrer une bataille », cet homme est un grand coupable.

Meng-Tseu dit : Dans le livre intitulé le *Printemps et l'Automne*, on ne trouve aucune guerre juste et équitable. Il en est cependant qui sont d'une justice et d'une équité relatives.

Meng-Tseu, *Hia-Meng*, VIII, 2, 4.

* * *

Leur aversion pour la guerre est telle que le même Mencius proclame l'inutilité pour le prince vertueux de combattre. S'il combat, il est vainqueur.

Ces nobles illusions ne sont-elles pas plus utiles

à répandre que l'amour exagéré de la guerre, des combats, des violences entre nations et entre partis divers d'une même nation, qui sont glorifiés dans l'enseignement des occidentaux ?

C'est pourquoi il est dit : Il ne faut pas placer les limites d'un peuple dans des frontières toutes matérielles, ni la force d'un royaume dans les obstacles que présentent à l'ennemi les montagnes et les cours d'eau, ni la majesté imposante de l'empire dans un grand appareil militaire. Celui qui a pu parvenir à gouverner selon les principes de l'humanité et de la justice trouvera un immense appui dans le cœur des populations. Celui qui ne gouverne pas selon les principes de l'humanité et de la justice trouvera peu d'appui.

Le prince qui ne trouvera que peu d'appui dans les populations, sera même abandonné par ses parents et ses alliés. Celui qui aura, pour l'assister dans le péril, presque toutes les populations, recevra les hommages de tout l'empire.

Si le prince auquel tout l'empire rend hommage, attaque celui qui a été abandonné même par ses parents et ses alliés, qui pourrait lui résister? C'est pourquoi l'homme d'une vertu supérieure n'a pas besoin de combattre ; s'il combat, il est sûr de vaincre.

Meng-Tseu, IV, 1.

.•.

L'aversion de Mencius pour la guerre est poussée si loin qu'il va jusqu'à classer les industries, au point de vue moral, d'après le plus ou moins de mal ou de bien que leurs produits font à l'humanité !

Meng-Tseu dit : L'homme qui fait des flèches n'est-il pas plus inhumain que l'homme qui fait des cuirasses ou des boucliers ?

Le but de l'homme qui fait des flèches est de blesser les hommes, tandis que le but de l'homme qui fait des cuirasses et des boucliers est d'empêcher que les hommes soient blessés. Il en est de même de l'homme dont le métier est de faire des vœux de bonheur à la naissance des enfants, et de l'homme dont le métier est de faire des cercueils. C'est pourquoi on doit apporter beaucoup d'attention dans le choix de la profession que l'on veut embrasser.

Meng-Tseu, III, 7.

TROISIÈME PARTIE

PENSÉES ET MAXIMES MORALES

DES PHILOSOPHES CHINOIS

A la suite des règles morales qui précèdent, se placent assez naturellement les maximes que les philosophes chinois se plaisaient à répéter devant leurs disciples et qui contiennent, sous une forme très succincte, le fruit de leurs études morales sur l'homme et de leurs observations de l'humanité.

.*.

Khoung-Tseu dit : Des expressions ornées et fleuries, un extérieur recherché et plein d'affectation, s'allient rarement avec une vertu sincère.

Lun-Yu, I, 3.

.*.

Si l'on ne connait pas la valeur des paroles d'un homme, on ne le connait pas lui-même.

Lun-Yu, XX, 3.

* *

Yang-Hou disait : Celui qui ne pense qu'à amasser des richesses n'est pas humain ; celui qui ne pense qu'à exercer l'humanité n'est pas riche.

Meng-Tseu, V, 3.

* *

Ceux qui s'avancent trop précipitamment reculeront encore plus vite.

Meng-Tseu, *Hia-Meng*, VII, 44.

* *

Le philosophe dit : Yeou, savez-vous ce que c'est que la science ? Savoir que l'on sait ce que l'on sait, et savoir que l'on ne sait pas ce que l'on ne sait pas, voilà la véritable science.

Lun-Yu, II, 17.

* *

Le philosophe dit : Les anciens ne laissaient point échapper de vaines paroles, craignant que leurs actions n'y répondissent point.

Lun-Yu, IV, 22.

* *

Ceux qui se perdent en restant sur leurs gardes sont
bien rares !

Lun-Yu, IV, 23.

* * *

Le philosophe dit : Si, le matin, vous avez entendu
la voix de la raison céleste, le soir, vous pouvez mourir.

Lun-Yu, IV, 8.

* * *

Le philosophe dit : Hélas ! je n'ai pas encore vu un
homme qui ait pu apercevoir ses défauts et qui s'en
soit blâmé intérieurement.

Lun-Yu, V, 26.

* * *

Le philosophe dit : La vertu ne reste pas comme une
orpheline abandonnée ; elle doit nécessairement avoir
des voisines.

Lun-Yu, IV, 25.

* * *

Le philosophe dit : Dans le commencement de mes
relations avec les hommes, j'écoutais leurs paroles et je
croyais qu'ils s'y conformaient dans leurs actions.
Maintenant, dans mes relations avec les hommes,
j'écoute leurs paroles, mais j'examine leurs actions.

Lun-Yu, V, 9.

* * *

Tseu-Koung demanda lequel de Sse ou de Chang était le plus sage. Le philosophe dit : Sse dépasse le but, Chang ne l'atteint pas. Il ajouta : Cela étant ainsi, alors Sse est-il supérieur à Chang ?

Le philosophe dit : Dépasser, c'est comme ne pas atteindre.

Lun-Yu, Hia-Lun, XI, 15.

*
* *

Le philosophe dit : Je n'ai pas encore vu un homme qui fût inflexible dans ses principes. Quelqu'un lui répondit avec respect : Et Chin-Chang ? — Le philosophe dit : Chang est adonné au plaisir ; comment serait-il inflexible dans ses principes ?

Lun-Yu, V, 10.

*
* *

Tseu-You dit : Si, dans le service d'un prince, il arrive de le blâmer souvent, on tombe bientôt en disgrâce. Si, dans les relations d'amitié, on blâme souvent son ami, on éprouvera bientôt son indifférence.

Lun-Yu, IV, 26.

*
* *

Le philosophe dit : Si nous sommes trois qui voyagions ensemble, je trouverai nécessairement deux instituteurs ; je choisirai l'homme de bien pour l'imiter et l'homme pervers pour me corriger.

Lun-Yu, VII, 21.

*
* *

Khoung-Tseu dit : Il ne faut pas s'affliger de ce que les hommes ne nous connaissent pas, mais, au contraire, de ne pas les connaître nous-mêmes.

Lun-Yu, I, 16.

⁎

Le philosophe dit : Je n'ai encore vu personne qui aimât autant la vertu que l'on aime la beauté du corps.

Lun-Yu, IX, 17.

⁎

Le philosophe dit : Celui qui parle sans modération et sans retenue met difficilement ses paroles en pratique.

Lun-Yu, XIV, 21.

⁎

Ne vous affligez pas de ce que les hommes ne vous connaissent point ; mais affligez-vous plutôt de ce que vous n'avez pas encore pu mériter d'être connu.

Lun-Yu, XIV, 32.

⁎

Quelqu'un dit : Que doit-on penser de celui qui rend bienfaits pour injures ?

Le philosophe dit : Si l'on agit ainsi, avec quoi payera-t-on les bienfaits ?

Il faut payer la haine et les injures par l'équité, et les bienfaits par des bienfaits.

Lun-Yu, XIV, 36.

* *
*

Meng-Tseu dit : Un des grands défauts des hommes est d'aimer à être les chefs des autres hommes.

Meng-Tseu, *Hia-Meng*, I, 23.

* *
*

Le philosophe dit : Si vous n'occupez pas de fonctions dans un gouvernement, ne donnez pas votre avis sur son administration.

Lun-Yu, VIII, 14.

* *
*

Le grand défaut des hommes est d'abandonner leurs propres champs pour ôter l'ivraie de ceux des autres. Ce qu'ils exigent des autres est important, difficile, et ce qu'ils entreprennent eux-mêmes est léger, facile.

Meng-Tseu, *Hia-Meng*, VIII, 32.

* *
*

Meng-Tseu dit : Les paroles dont la simplicité est à la portée de tout le monde et dont le sens est profond, sont les meilleures.

Meng-Tseu, *Hia-Meng*, VIII, 32.

* *
*

Ce que les hommes regardent comme la noblesse, ce n'est pas la véritable et noble noblesse. Ceux que Tchao-Meng (premier ministre du roi de Thsi) a fait nobles, Tchao-Meng peut les avilir.

Meng-Tseu, Hia-Meng, V, 17.

*
* *

Meng-Tseu dit : L'homme qui possède la sagacité de la vertu et la prudence de l'art, le doit toujours aux malheurs et aux afflictions qu'il a éprouvés.

Ce sont surtout les ministres orphelins (ou qui sont les fils de leurs propres œuvres) et les enfants naturels qui maintiennent soigneusement toutes les facultés de leur âme dans les circonstances difficiles, et qui mesurent leurs peines jusque dans les profondeurs les plus cuisantes. C'est pourquoi ils sont pénétrants.

Meng-Tseu, Hia-Meng, VII, 17-18.

*
* *

Tseu-Koung demanda quel était l'homme supérieur. Le philosophe dit : C'est celui qui, d'abord, met ses paroles en pratique et ensuite parle conformément à ses actions.

Lun-Yu, II, 13.

*
* *

Meng-Tseu dit : Pour entretenir dans notre cœur le sentiment de l'humanité et de l'équité, rien n'est meilleur que de diminuer les désirs. Il est bien peu d'hommes qui, ayant peu de désirs, ne conservent pas toutes les vertus de leur cœur; et il en est aussi bien peu qui, ayant beaucoup de désirs, conservent ces vertus.

Meng-Tseu, Hia-Meng, VIII, 35.

*
* *

Le philosophe dit : Si la foule déteste quelqu'un, vous devez examiner attentivement avant de juger; si la foule se passionne pour quelqu'un, vous devez examiner attentivement avant de juger.

Lun-Yu, XV, 27.

*
* *

Le philosophe dit : J'ai passé des journées entières sans nourriture et des nuits entières sans sommeil, pour me livrer à des méditations, et cela sans utilité réelle; l'étude est bien préférable.

Lun-Yu, XV, 30.

*
* *

Le philosophe dit : Comment les hommes vils et abjects pourraient-ils servir le prince ?

Ces hommes, avant d'avoir obtenu leurs emplois, sont déjà tourmentés par la crainte de ne pas les obtenir; lorsqu'ils les ont obtenus, ils sont tourmentés par la crainte de les perdre.

Dès l'instant qu'ils sont tourmentés par la crainte de perdre leurs emplois, il n'est rien dont ils ne soient capables.

Lun-Yu, XVII, 15.

*
* *

Aimer et reconnaître les défauts de ceux que l'on aime, haïr et reconnaître les bonnes qualités de ceux que l'on hait, est une chose bien rare sous le ciel.

Ta-Hio, VIII, 1.

* *

L'homme juste et plein d'humanité est seul capable d'aimer et de haïr convenablement les hommes.

Ta-Hio, X, 14.

* *

Un homme qui ne s'est pas corrigé soi-même de ses penchants injustes, est incapable de mettre le bon ordre dans sa famille.

Ta-Hio, VIII, 3.

* *

Thséng-Tseu disait : Ceux qui se serrent les épaules pour sourire avec approbation à tous les propos de ceux qu'ils veulent flatter, se fatiguent plus que s'ils travaillaient à l'ardeur du soleil.

Meng-Tseu, VI, 7.

* *

Meng-Tseu dit : Yu détestait le vin recherché ; mais l aimait beaucoup les paroles qui inspirent la vertu.

Meng-Tseu, *Hia-Meng*, II, 20.

* *

Le philosophe dit : On peut forcer le peuple à suivre les principes de la justice et de la raison; on ne peut pas le forcer à les comprendre.

Lun-Yu, VIII, 9.

* *

Meng-Tseu dit : Le charpentier et le charron peuvent donner à un homme leur règle et leur équerre, mais ils ne peuvent pas le rendre immédiatement habile dans leur art.

Meng-Tseu, *Hia-Meng*, VIII, 7.

* *

Le philosophe dit : Ce sont les servantes et les domestiques qui sont les plus difficiles à entretenir. Les traitez-vous comme des proches, alors ils sont insoumis ; les tenez-vous éloignés, ils conçoivent de la haine et des ressentiments.

Lun-Yu, XVII, 25.

* *

Les hommes se méprisent certainement eux-mêmes, avant que les autres hommes les méprisent. Les familles se détruisent certainement elles-mêmes, avant que les hommes les détruisent. Les royaumes s'attaquent certainement eux-mêmes, avant que les hommes les attaquent.

Meng-Tseu, *Hia-Meng*, I, 8.

* *

Fan-Tchi demanda ce que c'était que la vertu de l'humauité. Le philosophe dit : Aimer les hommes. — Il demanda ce que c'était que la science. Le philosophe dit : Connaître les hommes.

Lun-Yu, XII, 22.

L'APOTHÉOSE DE LA MORALE

———

La page suivante m'a paru la plus digne de terminer cette anthologie de la morale chinoise. La pensée y atteint une telle hauteur et s'y manifeste avec tant de hardiesse, qu'aucun moraliste de l'Occident ne pourrait se vanter d'avoir élevé aussi haut l'homme de bien.

L'étude et la pratique du bien peut, d'après le philosophe chinois, conduire l'homme à une élévation morale telle qu'il devient une véritable puissance intermédiaire entre le ciel et la terre :

Il n'y a dans le monde que les hommes souverainement parfaits qui puissent connaître à fond leur propre nature, la loi de leur être et les devoirs qui en dérivent ; pouvant connaître à fond leur propre nature et les devoirs qui en dérivent, ils peuvent, par cela même, connaître à fond la nature des autres hommes, la loi de leur être, et leur enseigner tous les devoirs qu'ils ont à observer pour accomplir le mandat du ciel; pouvant connaître à fond la nature des autres hommes, la loi de leur être et leur enseigner les devoirs qu'ils ont à observer pour acccomplir le mandat du ciel, ils peuvent, par cela même, connaître à fond la nature des autres êtres vivants et végétants et leur faire accomplir leur loi de vitalité selon leur nature ; pouvant connaître à fond la nature des êtres vivants et végétants, et leur faire accomplir leur loi de vitalité selon leur nature, ils peuvent, par cela même, au moyen de leurs facultés intelligentes supérieures, aider le ciel et la terre dans les transformations et l'entretien des êtres, pour qu'ils prennent leur complet développement ; pouvant aider le ciel et la terre dans les transformations et l'entretien des êtres, ils peuvent, par cela même, constituer un troisième pouvoir avec le ciel et la terre.

Tchoung-Young, **XXII, 1.**

TABLE DES MATIÈRES.

ÉVREUX, IMPRIMERIE DE CHARLES HÉRISSEY

Librairie Félix Alcan, 108, boulevard Saint-Germain, Paris.

VIENNENT DE PARAITRE :

LE BOUDDHA
SA VIE, SA DOCTRINE, SA COMMUNAUTÉ
Par H. OLDENBERG
Professeur à l'Université de Kiel.

Traduit de l'allemand par P. FOUCHER, agrégé de l'Université.

Avec une Préface de M. SYLVAIN LÉVI, professeur au Collège de France.

1 vol. in-8° de la *Bibliothèque de Philosophie contemporaine.* 7 fr. 50

———◆◇◆———

Le Bouddhisme est à la mode; tout le monde en parle, presque personne ne le connaît. Les indianistes seraient d'ailleurs mal venus à reprocher au public son ignorance; on aurait vite fait de leur répondre : « Que ne nous donnez-vous sur le Bouddhisme, un livre *de première main, accessible à tous sans études spéciales*, exempt de toute intention charlatanesque ou polémique, écrit dans un esprit vraiment scientifique, par un homme particulièrement compétent et qui ait du talent par-dessus le marché. »

Or tel est justement le livre qu'a présenté M. P. Foucher au public français, sous le patronage de M. Sylvain Lévi, professeur au Collège de France, dans la traduction du BOUDDHA, de M. HERMAN OLDENBERG, l'un des premiers indianistes de ce temps.

En face du Bouddha irréel, volatilisé en héros solaire (et d'ailleurs écrit à l'intention des seuls spécialistes) de M. Senart, M. Oldenberg, s'aidant de sa prodigieuse connaissance des Écritures sacrées de l'Église Cinghalaise, a ressuscité le Bouddha vivant et agissant, comme Renan a su rendre la vie au Jésus mythique de Strauss.

Mais il n'a pas borné là sa tâche; l'historien et le philosophe trouveront encore dans son livre deux grands chapitres inédits de l'histoire de la pensée humaine : dans l'introduction, le développement de la philosophie brahmanique d'après les anciennes Oupanishads; dans la II° partie, un exposé clair, cohérent, nourri de textes, de la doctrine de Bouddha. On lira enfin avec intérêt dans la III° partie le tableau des formes si curieuses que la vie monastique a prises en Orient.

Telle est cette œuvre, capable à la fois de satisfaire les
esprits critiques (qui trouveront en note toutes les réfé-
rences) et le grand public qu'aucun appareil d'érudition
pédantesque ne viendra rebuter dans sa lecture. C'est ce
qui explique son succès si considérable en Allemagne et en
Angleterre.

La traduction a été faite sur la seconde édition. Qu'il
nous suffise de dire que l'auteur l'a lue en épreuves et qu'il
en a beaucoup loué la fidélité à rendre les nuances de l'ori-
ginal et aussi le tour, parfois plus libre et plus aisé, du style.

MYTHES, CULTES ET RELIGION

Par A. LANG

TRADUIT DE L'ANGLAIS ET PRÉCÉDÉ D'UNE INTRODUCTION

Par L. MARILLIER
Maître de conférences à l'École des Hautes-Études.

1 vol. in-8° de la *Bibliothèque de philosophie contemporaine*. 10 fr.

L'auteur s'est proposé à la fois de présenter, dans un
tableau d'ensemble, les principaux traits de cette religion
commune de l'humanité primitive qui s'exprime par les
mythes et les rites les plus divers en apparence, malgré les
étroites analogies qui les unissent les uns aux autres, et de
fournir, de la mythologie des peuples civilisés de l'antiquité,
des Egyptiens, des Grecs et des Indiens en particulier, ou
du moins de ce qui dans cette mythologie paraît absurde
et irrationnel, une interprétation qui réponde exactement
aux faits. C'est l'hypothèse de la survivance qui lui a servi
à interpréter les mythes où l'école philologique ne voulait
voir que les résultats de confusions de mots et d'une sorte
de maladie du langage. M. Lang a consacré à l'étude de
l'état mental des sauvages — dont la connaissance est essen-
tielle pour l'intelligence de leurs croyances — les premiers
chapitres de son livre.

Le traducteur a fait précéder cet ouvrage d'une introduction sur le rôle de la psychologie dans les études de
mythologie comparée.

Envoi franco contre mandat-poste.

Février 1895.

ANCIENNE LIBRAIRIE GERMER BAILLIÈRE ET Cⁱᵉ

FÉLIX ALCAN, ÉDITEUR

108, Boulevard Saint-Germain, 108, Paris

EXTRAIT DU CATALOGUE

SCIENCES — MÉDECINE — HISTOIRE — PHILOSOPHIE

I. — BIBLIOTHÈQUE SCIENTIFIQUE INTERNATIONALE

Volumes in-8 en élégant cartonnage anglais. — Prix : 6 fr.

82 VOLUMES PARUS

1. J. TYNDALL. Les glaciers et les transformations de l'eau, 6ᵉ éd., illustré.
2. W. BAGEHOT. Lois scientifiques du développement des nations, 5ᵉ édition.
-3. J. MAREY. La machine animale, locomotion terrestre et aérienne, 5ᵉ édition, illustré.
4. A. BAIN. L'esprit et le corps considérés au point de vue de leurs relations, 5ᵉ édition.
5. PETTIGREW. La locomotion chez les animaux, 2ᵉ éd., ill.
6. HERBERT SPENCER. Introd. à la science sociale, 11ᵉ édit.
7. OSCAR SCHMIDT. Descendance et darwinisme, 6ᵉ édition.
8. H. MAUDSLEY. Le crime et la folie, 6ᵉ édition.
9. VAN BENEDEN. Les commensaux et les parasites dans le règne animal, 3ᵉ édition, illustré.
10. BALFOUR STEWART. La conservation de l'énergie, 5ᵉ édition, illustré.
11. DRAPER. Les conflits de la science et de la religion, 9ᵉ éd.
12. Léon DUMONT. Théorie scientifique de la sensibilité, 4ᵉ éd.
13. SCHUTZENBERGER. Les fermentations, 5ᵉ édition, illustré.
14. WHITNEY. La vie du langage, 3ᵉ édition.
15. COOKE et BERKELEY. Les champignons, 4ᵉ éd., illustré.
16. BERNSTEIN. Les sens, 4ᵉ édition, illustré.
17. BERTHELOT. La synthèse chimique, 6ᵉ édition.
18. VOGEL. La photographie et la chimie de la lumière (épuisé).
19. LUYS. Le cerveau et ses fonctions, 7ᵉ édition, illustré.
20. W. STANLEY JEVONS. La monnaie et le mécanisme de l'échange. 5ᵉ édition.
21. FUCHS. Les volcans et les tremblements de terre, 5ᵉ éd.
22. GÉNÉRAL BRIALMONT. La défense des États et les camps retranchés, 3ᵉ édition, avec fig. (épuisé).
23. A. DE QUATREFAGES. L'espèce humaine, 11ᵉ édition.
24. BLASERNA et HELMHOLTZ. Le son et la musique, 4ᵉ éd.
25. ROSENTHAL. Les muscles et les nerfs, 3ᵉ édition (épuisé).
26. BRUCKE et HELMHOLTZ. Principes scientifiques des beaux-arts, 3ᵉ édition, illustré.
27. WURTZ. La théorie atomique, 7ᵉ édition.

28-29. SECCHI (Le Père). **Les étoiles**, 2ᵉ édition, illustré.

30. N. JOLY. **L'homme avant les métaux**, 4ᵉ édit., illustré.

31. A. BAIN. **La science de l'éducation**, 7ᵉ édition.

32-33. THURSTON et HIRSCH. **Hist. de la machine à vapeur.** 3ᵉ éd.

34. R. HARTMANN. **Les peuples de l'Afrique**, 2ᵉ édit., illustré.

35. HERBERT SPENCER. **Les bases de la morale évolution-niste**, 5ᵉ édition.

36. TH.-H. HUXLEY. **L'écrevisse**, introduction à l'étude de la zoologie. Illustré.

37. DE ROBERTY. **La sociologie**, 3ᵉ édition.

38. O.-N. ROOD. **Théorie scientifique des couleurs et leurs applications à l'art et à l'industrie**, avec fig. et pl. hors texte.

39. DE SAPORTA et MARION. **L'évolution du règne végétal.** *Les cryptogames*, illustré.

40-41. CHARLTON-BASTIAN. **Le système nerveux et la pensée.** 2ᵉ édition. 2 vol. illustrés.

42. JAMES SULLY. **Les illusions des sens et de l'esprit**, 2ᵉ éd., ill.

43. A. DE CANDOLLE. **Origine des plantes cultivées**, 3ᵉ édit.

44. YOUNG. **Le Soleil**, illustré.

45-46. J. LUBBOCK. **Les Fourmis, les Abeilles et les Guêpes.** 2 vol. illustrés.

47. ED. PERRIER. **La philos. zoologique avant Darwin**, 2ᵉ éd.

48. STALLO. **La matière et la physique moderne**, 2ᵉ éd.

49. MANTEGAZZA. **La physionomie et l'expression des sentiments**, 2ᵉ édit., illustré.

50. DE MEYER. **Les organes de la parole**, illustré.

51. DE LANESSAN. **Introduction à la botanique.** *Le sapin.* 2ᵉ édit., illustré.

52-53. DE SAPORTA et MARION. **L'évolution du règne végétal.** *Les phanérogames.* 2 volumes illustrés.

54. TROUESSART. **Les microbes, les ferments et les moisissures**, 2ᵉ éd., illustré.

55. HARTMANN. **Les singes anthropoïdes**, illustré.

56. SCHMIDT. **Les mammifères dans leurs rapports avec leurs ancêtres géologiques**, illustré.

57. BINET et FÉRÉ. **Le magnétisme animal**, 4ᵉ éd., illustré.

58-59. ROMANES. **L'intelligence des animaux.** 2 vol., 2ᵉ éd.

60. F. LAGRANGE. **Physiologie des exercices du corps.** 6ᵉ éd.

61. DREYFUS. **L'évolution des mondes et des sociétés.** 3ᵉ éd.

62. DAUBRÉE. **Les régions invisibles du globe et des espaces célestes**, illustré, 2ᵉ édition.

63-64. SIR JOHN LUBBOCK. **L'homme préhistorique.** 3ᵉ édition, 2 volumes illustrés.

65. RICHET (Ch.). **La chaleur animale**, illustré.

66. FALSAN. **La période glaciaire**, illustré.

67. BEAUNIS. **Les sensations internes.**

68. CARTAILHAC. **La France préhistorique**, illustré. 2ᵉ éd.

69. BERTHELOT. **La révolution chimique, Lavoisier.** Illustré.

70. SIR JOHN LUBBOCK. **Les sens et l'instinct chez les animaux**, illustré.

71. STARCKE. **La famille primitive.**

72. ARLOING. **Les virus**, illustré.
73. TOPINARD. **L'homme dans la nature**, illustré.
74. BINET. **Les altérations de la personnalité.**
75. A. DE QUATREFAGES. **Darwin et ses précurseurs français.** 2ᵉ éd.
76. LEFEVRE. **Les races et les langues.**
77-78. A. DE QUATREFAGES. **Les émules de Darwin.** 2 vol.
79. BRUNACHE. **Le centre de l'Afrique, autour du Tchad,** illustré.
80. ANGOT. **Les aurores polaires**, illustré.
81. JACCARD. **Le pétrole, l'asphalte et le bitume**, illustré.
82. STANISLAS MEUNIER. **La géologie comparée**, illustré.

MÉDECINE ET SCIENCES

A. — Pathologie et thérapeutique médicales.

AVIRAGNET. **De la tuberculose chez les enfants.** 1 vol. in-8, 1892. 4 fr.
AXENFELD et HUCHARD. **Traité des névroses.** 2ᵉ édition, par HENRI HUCHARD. 1 fort vol. gr. in-8. 20 fr.
BARTELS. **Les maladies des reins**, avec notes de M. le prof. LÉPINE. 1 vol. in-8, avec fig. 7 fr. 50
BOUCHARDAT. **De la glycosurie ou diabète sucré**, son traitement hygiénique, 2ᵉ édition. 1 vol. grand in-8, suivi de notes et documents sur la nature et le traitement de la goutte, la gravelle urique, sur l'oligurie, le diabète insipide avec excès d'urée, l'hippurie, la pimélorrhée, etc. 15 fr.
BOUCHUT et DESPRÉS. **Dictionnaire de médecine et de thérapeutique médicales et chirurgicales**, comprenant le résumé de la médecine et de la chirurgie, les indications thérapeutiques de chaque maladie, la médecine opératoire, les accouchements, l'oculistique, l'odontotechnie, les maladies d'oreilles, l'électrisation, la matière médicale, les eaux minérales, et un formulaire spécial pour chaque maladie. 6ᵉ édition, 1895, très augmentée. 1 vol. in-4, avec 950 fig. dans le texte et 3 cartes. Br. 25 fr.; relié. 30 fr.
CHARCOT. **Clinique des maladies du système nerveux.** 2 vol. in-8, chacun séparément. 12 fr.
CORNIL et BABES. **Les bactéries et leur rôle dans l'anatomie et l'histologie pathologiques des maladies infectieuses.** 2 vol. in-8, avec 350 fig. dans le texte en noir et en couleurs et 12 pl. hors texte, 3ᵉ éd. entièrement refondue, 1890. 40 fr.
DAMASCHINO. **Leçons sur les maladies des voies digestives.** 1 vol. in-8, 3ᵉ tirage, 1888. 14 fr.
DAVID. **Les microbes de la bouche.** 1 vol. in-8 avec gravures en noir et en couleurs dans le texte. 10 fr.
DÉJERINE-KLUMPKE (Mᵐᵉ). **Des polynévrites et des paralysies et atrophies saturnines.** 1 vol. in-8, 1889. 6 fr.
DESPRES. **Traité théorique et pratique de la syphilis,** ou infection purulente syphilitique. 1 vol. in-8. 7 fr.

DUCKWORTH (Sir Dyce). **La goutte**, son traitement. Trad. de l'anglais par le Dr RODET. 1 vol. gr. in-8 avec gr. dans le texte. 10 fr.

DURAND-FARDEL. **Traité des eaux minérales** de la France et de l'étranger, et de leur emploi dans les maladies chroniques, 3e édition. 1 vol. in-8. 10 fr.

DURAND-FARDEL. **Traité pratique des maladies des vieillards**, 2e édition. 1 fort vol. gr. in-8. 5 fr.

FÉRÉ (Ch.). **Les épilepsies et les épileptiques.** 1 vol. gr. in-8 avec 12 planches hors texte et 67 grav. dans le texte. 1890. 20 fr.

FÉRÉ (Ch.). **Le traitement des aliénés dans les familles.** 1 vol. in-18. 2e éd.; cart. à l'anglaise. 3 fr.

FÉRÉ (Ch.). **La famille névropathique.** 1 vol. in-12, cartonné à l'anglaise, avec gravures. 1894. 4 fr.

FÉRÉ (Ch.). **La pathologie des émotions.** 1 vol. in-8. 1893. 12 fr.

FINGER (E.). **La blennorrhagie et ses complications.** 1 vol. gr. in-8 avec 36 grav. et 7 pl. hors texte. Traduit de l'allemand par le docteur HOGGE, 1894. 12 fr.

FINGER (E.). **La syphilis et les maladies vénériennes**, trad. de l'all. avec notes par les Drs SPILLMANN et DOYON. 1 vol. in-8, avec 5 planches hors texte. 1895. 12 fr.

HERARD, CORNIL ET HANOT. **De la phtisie pulmonaire.** 1 vol. in-8, avec fig. dans le texte et pl. coloriées. 2e éd. 20 fr.

ICARD (S.). **La femme pendant la période menstruelle.** Étude de psychologie morbide et de médecine légale. In-8. 6 fr

KUNZE. **Manuel de médecine pratique.** In-18. 1 fr. 50

LANCEREAUX. **Traité historique et pratique de la syphilis.** 2e édit. 1 vol. gr. in-8, avec fig. et planches color. 17 fr.

MARVAUD (A.). **Les maladies du soldat**, étude étiologique, épidémiologique et prophylactique. 1 vol. grand in-8. 1894. 20 fr.
Ouvrage couronné par l'Académie des sciences.

MAUDSLEY. **La pathologie de l'esprit.** 1 vol. in-8. 10 fr.

MURCHISON. **De la fièvre typhoïde.** In-8, avec figures dans le texte et planches hors texte. 3 fr.

NIEMEYER. **Éléments de pathologie interne et de thérapeutique**, traduit de l'allemand, annoté par M. CORNIL. 3e édit. franç., augmentée de notes nouvelles. 2 vol. in-8. 4 fr. 50

NOIR (J.). **Étude sur les tics**, chez les dégénérés, les imbéciles et les idiots. 1 vol. in-8. 1893. 4 fr.

ONIMUS ET LEGROS. **Traité d'électricité médicale.** 1 fort vol. in-8, avec 275 figures dans le texte. 2e édition. 17 fr.

RILLIET ET BARTHEZ. **Traité clinique et pratique des maladies des enfants.** 3e édit., refondue et augmentée, par BARTHEZ et A. SANNÉ. Tome I, 1 fort vol. gr. in-8. 16 fr.
Tome II, 1 fort vol. gr. in-8. 14 fr.
Tome III terminant l'ouvrage, 1 fort vol. gr. in-8. 25 fr.

SIMON (Paul). **Conférences cliniques sur la tuberculose des enfants.** 1 vol. in-8. 1893. 3 fr.

SIMON (Paul). **Manuel de percussion et d'auscultation.** 1 vol. in-12, avec fig., cart. à l'anglaise. 1895. 4 fr.

SPRINGER. **La croissance.** Son rôle dans la pathologie infantile. 1 vol. in-8. 6 fr.

TAYLOR. **Traité de médecine légale**, traduit sur la 7e édition anglaise, par le Dr HENRI COUTAGNE. 1 vol. gr. in-8. 4 fr. 50

VOISIN (J.). **L'idiotie.** Hérédité et dégénérescence mentale, psychologie et éducation de l'idiot. 1 vol. in-12 avec gravures, cartonné à l'anglaise. 1893. 4 fr.

B. — Pathologie et thérapeutique chirurgicales.

ANGER (Benjamin). **Traité iconographique des fractures et luxations.** 1 fort volume in-4, avec 100 planches coloriées, et 127 gravures dans le texte. 2e tirage. Relié. 150 fr.

BILLROTH ET WINIWARTER. **Traité de pathologie et de clinique chirurgicales générales**, 2e édit. d'après la 10e édit. allemande. 1 fort vol. gr. in-8, avec 180 fig. 20 fr.

CHIPAULT (A.). **Études de chirurgie médullaire**, historique, médecine opératoire, traitement. In-8, avec 66 grav. et 2 planches hors texte. 15 fr.

Congrès français de chirurgie. Mémoires et discussions, publiés par MM. POZZI, secrétaire général, et PICQUÉ, secrétaire général adjoint.
1re, 2e et 3e sessions : 1885, 1886, 1888, 3 forts vol. gr. in-8, avec fig., chacun, 14 fr. — 4e session : 1889, 1 fort vol. gr. in-8, avec fig., 16 fr. — 5e session : 1891, 1 fort vol. gr. in-8, avec fig. 14 fr. — 6e session : 1892, 1 fort vol. gr. in-8, avec fig. 16 fr. — 7e session : 1893, 1 fort vol. gr. in-8. 18 fr.

DE ARLT. **Des blessures de l'œil**, considérées au point de vue pratique et médico-légale. 1 vol. in-18. 1 fr. 25

DELORME. **Traité de chirurgie de guerre.** 2 vol. gr. in-8, Tome I, avec 95 grav. dans le texte et 1 pl. hors texte. 16 fr. Tome II, terminant l'ouvrage, avec 400 grav. dans le texte 26 fr.
Ouvrage couronné par l'Académie des sciences.

FRITSCH. **Traité clinique des opérations obstétricales**, traduit de l'allemand par le docteur STAS. 1 vol. gr. in-8, avec 90 gravures en noir et en couleurs. 10 fr.

JAMAIN ET TERRIER. **Manuel de pathologie et de clinique chirurgicales.** 3e édition. Tome I, 1 fort vol. in-18. 8 fr. — Tome II, 1 vol. in-18. 8 fr. — Tome III, avec la collaboration de MM. BROCA et HARTMANN, 1 vol. in-18. 8 fr. — Tome IV, avec la collaboration de MM. BROCA et HARTMANN, 1 vol. in-18. 8 fr.

LIEBREICH. **Atlas d'ophtalmoscopie**, représentant l'état normal et les modifications pathologiques du fond de l'œil vues à l'ophtalmoscope. 3e édition, atlas in-f° de 12 planches. 40 fr.

MAC CORMAC. **Manuel de chirurgie antiseptique**, traduit de l'anglais par M. le docteur LUTAUD. 1 fort vol. in-8. 2 fr.

MALGAIGNE et LE FORT. **Manuel de médecine opératoire.** 9e édit. 2 vol. gr. in-18, avec nombreuses fig. dans le texte. 16 fr.

NÉLATON. **Éléments de pathologie chirurgicale**, par A. NÉLATON, membre de l'Institut, professeur de clinique à la Faculté de médecine, etc. Ouvrage complet en 6 volumes.

Seconde édition, complètement remaniée, revue par les Drs JAMAIN, PÉAN, DESPRÉS, GILLETTE et HORTELOUP, chirurgiens des hôpitaux. 6 forts vol. gr. in-8, avec 795 figures dans le texte. 32 fr.

NIMIER et DESPAGNET. **Traité élémentaire d'ophtalmologie.** 1 fort vol. gr. in-8, avec 432 gr. Cart. à l'angl. 1894. 20 fr.

PAGET (sir James). **Leçons de clinique chirurgicale**, trad. par L.-H. PETIT, et introd. du prof. VERNEUIL. 1 vol. gr. in-8. 8 fr.

PÉAN. **Leçons de clinique chirurgicale, professées à l'hôpital Saint-Louis**, de 1876 à 1880. Tomes II à IV, 3 vol. in-8, avec fig. et pl. coloriées. Chaque vol. séparément. 20 fr. Tomes V, VI, VII et VIII, années 1881-82, 1883-84, 1885-86, 1887-88, 4 vol. in-8. Chacun. 25 fr. Le tome Ier est épuisé.

REBLAUB. **Des cystites non tuberculeuses chez la femme.** 1892. 1 vol. in-8. 4 fr.

RICHARD. **Pratique journalière de la chirurgie.** 1 vol. gr. in-8, avec 215 fig. dans le texte. 2e édit. 5 fr.

ROTTENSTEIN. **Traité d'anesthésie chirurgicale**, contenant la description et les applications de la méthode anesthésique de PAUL BERT. 1 vol. in-8, avec figures. 10 fr.

SOELBERG-WELLS. **Traité pratique des maladies des yeux.** 1 fort vol. gr. in-8, avec figures. 4 fr. 50

TERRIER. **Éléments de pathologie chirurgicale générale.** 1er fascicule : *Lésions traumatiques et leurs complications.* 1 vol. in-8. 7 fr. 2e fascicule : *Complications des lésions traumatiques. Lésions inflammatoires.* 1 vol. in-8. 6 fr.

TERRIER et BAUDOUIN. **De l'hydronéphrose intermittente,** 1892. 1 vol. in-8. 5 fr.

TERRIER et PÉRAIRE. **Manuel de petite chirurgie de Jamain,** 7e éd. refondue, 1893. 1 vol. in-18, avec gr. Cart. à l'angl. 8 fr.

TERRIER et PÉRAIRE. **Petit manuel d'antisepsie et d'asepsie chirurgicales,** 1 vol. in-18, avec grav. Cart. à l'angl. 3 fr.

TERRIER et PÉRAIRE. **Petit manuel d'anesthésie chirurgicale.** 1 vol. in-18 avec grav., cart. à l'angl. 3 fr.

TRUC. **Du traitement chirurgical de la péritonite.** 1 vol. in-8. 4 fr.

VIRCHOW. **Pathologie des tumeurs,** cours professé à l'université de Berlin, traduit de l'allemand par le docteur ARONSSOHN. — Tome I, 1 vol. gr. in-8, avec 106 fig. 3 fr. 75. — Tome II, 1 vol. gr. in-8, avec 74 fig. 3 fr. 75. — Tome III, 1 vol. gr. in-8, avec 49 fig. 3 fr. 75. — Tome IV (1er fascicule), 1 vol. gr. in-8, avec figures. 1 fr. 50

YVERT. **Traité pratique et clinique des blessures du globe de l'œil.** 1 vol. gr. in-8. 12 fr.

C. — Thérapeutique. Pharmacie. Hygiène.

BOUCHARDAT. **Nouveau formulaire magistral**, précédé d'une Notice sur les hôpitaux de Paris, de généralités sur l'art de formuler, suivi d'un Précis sur les eaux minérales naturelles et artificielles, d'un Mémorial thérapeutique, de notions sur l'emploi des contrepoisons et sur les secours à donner aux empoisonnés et aux asphyxiés. 1894, 30e édition, revue et corrigée. 1 vol. in-18, broché, 3 fr. 50; cartonné, 4 fr.; relié. 4 fr. 50

BOUCHARDAT et DESOUBRY. **Formulaire vétérinaire**, contenant le mode d'action, l'emploi et les doses des médicaments. 5e édit. 1 vol. in-18, br. 3 fr. 50, cart. 4 fr., relié. 4 fr. 50

BOUCHARDAT. **De la glycosurie ou diabète sucré**, son traitement hygiénique. 2e édition. 1 vol. grand in-8, suivi de notes et documents sur la nature et le traitement de la goutte, la gravelle urique, sur l'oligurie, le diabète insipide avec excès d'urée, l'hippurie, la pimélorrhée, etc. 15 fr.

BOUCHARDAT. **Traité d'hygiène publique et privée**, basée sur l'étiologie. 1 fort vol. gr. in-8. 3e édition, 1887. 18 fr.

DURAND-FARDEL. **Les eaux minérales et les maladies chroniques.** 1 vol. in-18. 2e édition; cart. 4 fr.

ICARD (S.). **L'alimentation des nouveau-nés.** Hygiène de l'allaitement artificiel. 1 vol. in-12, avec grav. Cartonné à l'anglaise. 4 fr. *Ouvrage couronné par l'Académie de médecine et par la Société protectrice de l'enfance de Paris.*

LAGRANGE (F.). **La médication par l'exercice.** 1 vol. grand in-8, avec 68 grav. et une carte. 1894. 12 fr.

LAUMONIER (J.). **Hygiène de l'alimentation dans l'état de santé et de maladie.** 1 vol. in-12, avec grav., cartonné à l'anglaise. 1894. 4 fr.

LEVILLAIN. **Hygiène des gens nerveux.** 1 vol. in-18. 2e édition, br. 3 fr. 50; en cart. anglais. 4 fr.

MACARIO (M.). **Manuel d'hydrothérapie suivi d'une instruction sur les bains de mer.** 1 vol. in-18, 4e édition, 1889, 2 fr. 50; cart. 3 fr.

RIBBING (S.). **L'hygiène sexuelle et ses conséquences morales.** 1 vol. in-12, cartonné à l'anglaise. 1895. 4 fr.

WEBER. **Climatothérapie**, traduit de l'allemand par les docteurs DOYON et SPILLMANN. 1 vol. in-8, 1886. 6 fr.

D. — Anatomie. Physiologie. Histologie.

ALAVOINE. **Tableaux du système nerveux.** Deux grands tableaux avec figures. 1 fr. 50

BAIN (Al.). **Les sens et l'intelligence**, traduit de l'anglais par M. Cazelles. 1 vol. in-8. 10 fr.

BASTIAN (Charlton). **Le cerveau, organe de la pensée,** chez l'homme et chez les animaux. 2 vol. in-8, avec 184 figures dans le texte.   12 fr.

BELZUNG. **Anatomie et physiologie animales.** 1 fort vol. in-8 avec 522 gravures dans le texte. 5° éd., revue. 6 fr., cart. 7 fr.

BÉRAUD (B.-J.). **Atlas complet d'anatomie chirurgicale topographique,** pouvant servir de complément à tous les ouvrages d'anatomie chirurgicale, composé de 109 planches représentant plus de 200 figures gravées sur acier, avec texte explicatif. 1 fort vol. in-4.
     Prix : fig. noires, relié, 60 fr. — Fig. coloriées, relié, 120 fr.

BERNARD (Claude). **Leçons sur les propriétés des tissus vivants,** avec 94 fig. dans le texte. 1 vol. in-8.   2 fr. 50

BERNSTEIN. **Les sens.** 1 vol. in-8, avec fig. 3e édit., cart.   6 fr.

BURDON-SANDERSON, FOSTER et BRUNTON. **Manuel du laboratoire de physiologie,** traduit de l'anglais par M. Moquin-Tandon. 1 vol. in-8, avec 184 fig. dans le texte, 1883.   7 fr.

CORNIL, RANVIER, BRAULT et LETULLE. **Manuel d'histologie pathologique.** 3e édition. 3 vol. in-8, avec nombreuses figures dans le texte. (*Sous presse.*)

DEBIERRE. **La moelle épinière et l'encéphale,** avec applic. physiol. et médico-chirurg. 1 vol. in-8, avec 242 fig., en noir et en couleurs. 1893.   12 fr.

DEBIERRE. **Traité élémentaire d'anatomie de l'homme.** Anatomie descriptive et dissection, avec notions d'organogénie et d'embryologie générales. Ouvrage complet en 2 volumes.   40 fr.
     Tome I, *Manuel de l'amphithéâtre,* 1 vol. in-8 de 950 pages avec 450 figures en noir et en couleurs dans le texte. 1890. 20 fr.
     Tome II et dernier : 1 vol. in-8 avec 515 figures en noir et en couleurs dans le texte.   20 fr.
               Ouvrage couronné par l'Académie des sciences.

DEBIERRE et DOUMER. **Vues stéréoscopiques des centres nerveux.** 48 planches photographiques avec un album. 20 fr.

DEBIERRE et DOUMER. **Album des centres nerveux.** 1 fr. 50

FAU. **Anatomie des formes du corps humain,** à l'usage des peintres et des sculpteurs. 1 atlas in-folio de 25 planches. Prix : fig. noires, 15 fr. — Fig. coloriées.   30 fr.

FERRIER. **Les fonctions du cerveau.** 1 v. in-8. avec 68 fig. 3 fr.

F. LAGRANGE. **Physiologie des exercices du corps.** Couronné par l'Institut. 6e édit. 1 vol. in-8, cart.   6 fr.

F. LAGRANGE. **L'hygiène de l'exercice chez les enfants et les jeunes gens.** 1 vol. in-18, 5e éd. 3 fr. 50 ; cart.   4 fr.

F. LAGRANGE. **De l'exercice chez les adultes.** 1 vol. in-18, 2e édition, 3 fr. 50 ; cartonnage anglais.   4 fr.

LABORDE. **Les tractions rythmées de la langue,** traitement physiologique de la mort. 1 vol. in-12. 1894.   3 fr. 50

LEYDIG. **Traité d'histologie comparée de l'homme et des animaux.** 1 fort vol. in-8, avec 200 figures.   4 fr. 50

LONGET. **Traité de physiologie.** 3e éditon, 3 vol. gr. in-8, avec figures.   12 fr.

MAREY. **Du mouvement dans les fonctions de la vie.**
1 vol. in-8, avec 200 figures dans le texte. 3 fr.

POZZI (A.). **Eléments d'anatomie et de physiologie géni-
tale et obstétricale,** avec 219 grav. dans le texte. Cartonné
à l'anglaise. 1894. 4 fr.

PREYER. **Eléments de physiologie générale.** Traduit de
l'allemand par M. J. Soury. 1 vol. in-8. 5 fr.

PREYER. **Physiologie spéciale de l'embryon.** 1 vol. in-8,
avec figures et 9 planches hors texte. 7 fr. 50.

VIALET. **Les centres cérébraux de la vision et l'appareil visuel intra-cérébral.** 1 vol. gr. in-8, avec 90 gravures. 1893. 15 fr.

E. — Physique. Chimie. Histoire naturelle.

AGASSIZ. **De l'espèce et des classifications en zoologie.**
1 vol. in-8, cart. 5 fr.

BERTHELOT. **La synthèse chimique.** 1 vol. in-8 ; 6e édit.,
cart. 6 fr.

BERTHELOT. **La révolution chimique, Lavoisier.** 1 vol.
in-8, cart. 6 fr.

COOKE et BERKELEY. **Les champignons,** avec 110 figures
dans le texte. 1 vol. in-8. 4e édition, cart. 6 fr.

DAUBRÉE. **Les régions invisibles du globe et des espaces célestes.** 1 vol. in-8 avec gravures. 2e édit. Cart. 6 fr.

GRÉHANT. **Manuel de physique médicale.** 1 vol. in-18,
avec 469 figures dans le texte. 7 fr.

GRIMAUX. **Chimie organique élémentaire.** 7e édit. 1 vol.
in-18, avec figures. 3 fr.

GRIMAUX. **Chimie inorganique élémentaire.** 7e édit., 1 vol.
in-18, avec figures. 5 fr.

HERBERT SPENCER. **Principes de biologie,** traduit de l'anglais par M. C. Cazelles. 2 vol. in-8. 20 fr.

HUXLEY. **La physiographie,** introduction à l'étude de la nature.
1 vol. in-8 avec 128 grav. et 2 pl. hors texte. 2e éd. 8 fr.

LUBBOCK. **Origines de la civilisation,** état primitif de l'homme
et mœurs des sauvages modernes, traduit de l'anglais. 3e édition. 1 vol. in-8, avec fig. Broché, 15 fr. — Relié. 18 fr.

LUBBOCK. **L'homme préhistorique.** 2 vol. in-8 avec 228 gravures dans le texte, cart. 12 fr.

PISANI (F.). **Traité pratique d'analyse chimique quali-
tative et quantitative,** à l'usage des laboratoires de chimie.
1 vol. in-12. 4e édit., augmentée d'un traité d'*analyse au cha-
lumeau.* 3 fr. 50

PISANI et DIRVELL. **La chimie du laboratoire.** 1 vol.
in-12, 2e éd. revue, avec grav. 4 fr.

THÉVENIN (E.). **Dictionnaire abrégé des sciences physi-
ques et naturelles,** revu par H. de Varigny. 1 volume in-18 de
630 pages, cartonné à l'anglaise. . . . . 5 fr.

BIBLIOTHÈQUE
D'HISTOIRE CONTEMPORAINE

Volumes in-18 à 3 fr. 50. — Volumes in-8 à 5, 7 et
12 francs. Cartonnage toile, 50 c. en plus par vol.
in-18, 1 fr. par vol. in-8.

EUROPE

HISTOIRE DE L'EUROPE PENDANT LA RÉVOLUTION FRANÇAISE, par *H. de
Sybel*. Traduit de l'allemand par Mlle Dosquet. 6 vol. in-8 . . 42 fr.
HISTOIRE DIPLOMATIQUE DE L'EUROPE, DE 1815 A 1878, par *Debidour*.
2 vol. in-8. . . . . -. 18 fr.

FRANCE

LA RÉVOLUTION FRANÇAISE, par *H. Carnot*. 1 vol. in-18. Nouv. édit. 3 50
HISTOIRE DE LA RESTAURATION, par *de Rochau*. 1 vol. in-18. . . . 3 50
HISTOIRE DE DIX ANS, par *Louis Blanc*. 5 vol. in-8. . . . . 25 »
HISTOIRE DE HUIT ANS (1840-1848), par *Elias Regnault*. 3 vol. in-18. 15 »
HISTOIRE DU SECOND EMPIRE (1848-1870), par *Taxile Delord*. 6 volumes
in-8. . . . . 42 fr.
LA GUERRE DE 1870-1871, par *Boert*. 1 vol. in-18. . . . . 3 50
LA FRANCE POLITIQUE ET SOCIALE, par *Aug. Laugel*. 1 volume in-8. 5 fr.
LES COLONIES FRANÇAISES, par *P. Gaffarel*, 1 vol. in-8, 4° ed. . . 5 fr.
L'EXPANSION COLONIALE DE LA FRANCE, étude économique, politique et
géographique sur les établissements français d'outre-mer, par *J.-L. de
Lanessan*. 1 vol. in-8 avec 19 cartes hors texte. . . . . 12 fr.
L'INDO-CHINE FRANÇAISE, étude économique, politique et administrative
sur *la Cochinchine, le Cambodge, l'Annam* et *le Tonkin* (médaille Du-
pleix de la Société de Géographie commerciale), par *J.-L. de Lanessan*.
1 vol. in-8, avec 5 cartes en couleurs. . . . . 15 fr.
L'ALGÉRIE, par *M. Wahl*. 1 vol. in-8, 2° édition. Ouvrage couronné par
l'Institut. . . . . 5 fr.
L'EMPIRE D'ANNAM ET LES ANNAMITES, par *J. Silvestre*. 1 vol. in-18 avec
carte. 3 50

ANGLETERRE

HISTOIRE GOUVERNEMENTALE DE L'ANGLETERRE, DEPUIS 1770 JUSQU'A 1830,
par sir *G. Cornewal Lewis*. 1 vol. in-8, traduit de l'anglais . . . 7 fr.
HISTOIRE CONTEMPORAINE DE L'ANGLETERRE, depuis la mort de la reine
Anne jusqu'à nos jours, par *H. Reynald*. 1 vol. in-18. 2° éd. . 3 50
LES QUATRE GEORGES, par *Tackeray*. 1 vol. in-18. . . . . 3 50
LOMBART-STREET, le marché financier en Angleterre. par *W. Bagehot*.
1 vol. in-18. . . . . 3 50
LORD PALMERSTON ET LORD RUSSEL, par *Aug. Laugel*. 1 vol. in-18. 3 50
QUESTIONS CONSTITUTIONNELLES (1873-1878), par *E.-W. Gladston*, pré-
cédé d'une introduction par *Albert Gigot*. 1 vol. in-8. . . . . . 5 fr.

ALLEMAGNE

HISTOIRE DE LA PRUSSE, depuis la mort de Frédéric II jusqu'à la ba-
taille de Sadowa, par *Eug. Véron*. 1 vol. in-18. 6° éd. revue par *Paul
Bondois*. 3 50
HISTOIRE DE L'ALLEMAGNE, depuis la bataille de Sadowa jusqu'à nos jours,
par *Eug. Véron*. 1 vol. in-18, 3° éd. continuée jusqu'en 1892, par
Paul Bondois 3 50
L'ALLEMAGNE ET LA RUSSIE AU XIX° SIÈCLE, par *Eug. Simon*, 1 vol.
in-18. . . . . 3 50

AUTRICHE-HONGRIE

HISTOIRE DE L'AUTRICHE, depuis la mort de Marie-Thérèse jusqu'à nos jours, par *L. Asseline*. 1 vol. in-18. 3e éd. 3 50

ESPAGNE

HISTOIRE DE L'ESPAGNE, depuis la mort de Charles III jusqu'à nos jours, par *H. Reynald*. 1 vol. in-18 . . . . 3 50

RUSSIE

HISTOIRE CONTEMPORAINE DE LA RUSSIE, par *M. Créhange*. 1 vol. in-18 . . . . 3 50

SUISSE

HISTOIRE DU PEUPLE SUISSE, par *Daendliker,* précédée d'une Introduction par *Jules Favre*. 1 vol. in-18. . . . . 5 fr.

AMÉRIQUE

HISTOIRE DE L'AMÉRIQUE DU SUD, par *Alf. Deberle.*1 vol.in-18. 2e éd.　3 50
LES ÉTATS-UNIS pendant la guerre, 1861-1864, par *A. Langel.* 1 vol. in-18. . . . . 3 50

ITALIE

HISTOIRE DE L'ITALIE, depuis 1815 jusqu'à la mort de Victor-Emmanuel, par *E. Sorin*. 1 vol. in-18 . . . . 3 50
BONAPARTE ET LES RÉPUBLIQUES ITALIENNES (1796-1799), par *P. Gaffarel*. 1 vol. in-8 . . . . 5 fr.

TURQUIE

LA TURQUIE ET L'HELLÉNISME CONTEMPORAIN, par *V. Bérard*. 1 vol. in-18.
Ouvrage couronné par l'Académie française. 3 50

Jules Barni. HISTOIRE DES IDÉES MORALES ET POLITIQUES EN FRANCE AU XVIIIe SIÈCLE. 2 vol. in-18, chaque volume 3 50
— LES MORALISTES FRANÇAIS AU XVIIIe SIÈCLE. 1 vol. in-18. . . . 3 50
Émile Beaussire. LA GUERRE ÉTRANGÈRE ET LA GUERRE CIVILE. 1 vol. in-18. . . . . 3 50
E. de Laveleye. LE SOCIALISME CONTEMPORAIN. 1 volume in-18, 9e édition, augmentée. 3 50
E. Despois. LE VANDALISME RÉVOLUTIONNAIRE. 1 vol. in-18. 2e éd.　3 50
M. Pellet. VARIÉTÉS RÉVOLUTIONNAIRES, avec une Préface de *A. Ranc*. 3 vol. in-18, chaque vol. 3 50
Eug. Spuller. FIGURES DISPARUES, portraits contemporains, littéraires et politiques. 3 vol. in-18, chaque vol. 3 50
Eug. Spuller. HISTOIRE PARLEMENTAIRE DE LA DEUXIÈME RÉPUBLIQUE. 1 vol. in-18, 2e édit. 3 50
Eug. Spuller. L'ÉDUCATION DE LA DÉMOCRATIE. 1 vol. in-18... 3 50
Eug. Spuller. L'ÉVOLUTION POLITIQUE ET SOCIALE DE L'ÉGLISE. 1 vol. in-18. . . . . 3 50
J. Bourdeau. LE SOCIALISME ALLEMAND ET LE NIHILISME RUSSE. 1 vol. in-18. 2e édition. 3 50
G. Guéroult. LE CENTENAIRE DE 1789. Évolution politique, philosophique, artistique et scientifique de l'Europe depuis cent ans. 1 vol. in-18. . . . . 3 50
Clamageran. LA FRANCE RÉPUBLICAINE. 1 vol. in-18 . . . . 3 50
Aulard. LE CULTE DE LA RAISON ET LE CULTE DE L'ÊTRE SUPRÊME (1793-1794). Etude historique. 1 vol. in-18. . . . . 3 50
Aulard. ETUDES ET LEÇONS SUR LA RÉVOLUTION FRANÇAISE. 1 vol. in-18. . . . . 3 50
Joseph Reinach. PAGES RÉPUBLICAINES. 1 vol. in-18. . . . . 3 50
Hector Depasse. TRANSFORMATIONS SOCIALES. 1 vol. in-18 . . 3 50

BIBLIOTHÈQUE DE PHILOSOPHIE CONTEMPORAINE

109 VOLUMES IN-18.

Br., 2 fr. 50; cart. à l'angl., 3 fr.; reliés, 4 fr.

H. Taine.

L'Idéalisme anglais, étude sur Carlyle.

Philosophie de l'art dans les Pays-Bas. 2e édition.

Philosophie de l'art en Grèce. 2e édit.

Paul Janet.

Le Matérialisme contemp. 5e édit.

Philosophie de la Révolution française. 5e édit.

Le Saint-Simonisme.

Origines du socialisme contemporain, 2e éd.

La philosophie de Lamennais.

Alaux.

Philosophie de M. Cousin.

Ad. Franck.

Philosophie du droit pénal. 3e édit.

Des rapports de la religion et de l'Etat. 2e édit.

La philosophie mystique en France au XVIIIe siècle.

Beaussire.

Antécédents de l'hégélianisme dans la philosophie française.

Ed. Auber.

Philosophie de la médecine.

Charles de Rémusat.

Philosophie religieuse.

Charles Lévêque.

Le Spiritualisme dans l'art.

La Science de l'invisible.

Émile Saisset.

L'âme et la vie.

Critique et histoire de la philosophie (frag. et disc.).

Auguste Laugel.

L'Optique et les Arts.

Les problèmes de la nature.

Les problèmes de la vie.

Les problèmes de l'âme.

Albert Lemoine.

Le Vitalisme et l'Animisme.

Milsand.

L'Esthétique anglaise.

Schoebel.

Philosophie de la raison pure.

Jules Levallois.

Déisme et Christianisme.

Camille Selden.

La Musique en Allemagne.

Stuart Mill.

Auguste Comte et la philosophie positive. 4e édition.

L'Utilitarisme. 2e édition.

Mariano.

La Philosophie contemp. en Italie

Saigey.

La Physique moderne. 2e tirage.

E. Faivre.

De la variabilité des espèces.

Ernest Bersot.

Libre philosophie.

W. de Fonvielle.

L'astronomie moderne.

Herbert Spencer.

Classification des sciences. 4e édit.

L'individu contre l'Etat. 3e éd.

Gauckler.

Le Beau et son histoire.

Bertauld.

L'ordre social et l'ordre moral.

De la philosophie sociale.

Th. Ribot.

La philosophie de Schopenhauer, 5e édition.

Les maladies de la mémoire. 8e édit.

Les maladies de la volonté. 8e édit.

Les maladies de la personnalité. 5e éd.

La psychologie de l'attention. 2e éd.

E. de Hartmann.

La Religion de l'avenir. 2e édition.

Le Darwinisme. 3e édition.

Schopenhauer.

Le libre arbitre. 6e édition.

Le fondement de la morale. 4e édit.

Pensées et fragments. 11e édition.

Liard.

Les Logiciens anglais contemporains. 3e édition.

Les définitions géométriques et les définitions empiriques. 2e édit.

Marion.

J. Locke, sa vie, son œuvre. 2e édit.

O. Schmidt.

Les sciences naturelles et la philosophie de l'Inconscient.

Barthélemy-Saint Hilaire.
De la métaphysique.

A. Espinas.
Philosophie expérim. en Italie.

Conta.
Fondements de la métaphysique.

John Lubbock.
Le bonheur de vivre. 2 vol.

Maus.
La justice pénale.

P. Siciliani.
Psychogénie moderne.

Leopardi.
Opuscules et Pensées.

A. Lévy.
Morceaux choisis des philosophes
allemands.

Roisel.
De la substance.

Zeller.
Christian Baur et l'école de Tubingue.

Stricker.
Du langage et de la musique.

Coste.
Les conditions sociales du bonheur
et de la force. 3ᶜ édition.

Binet.
La psychologie du raisonnement.
Introduction à la psychologie expé-
rimentale.

G. Ballet.
Langage intérieur et aphasie. 2° éd.

Mosso.
La peur.
La fatigue intellectuelle et phy-
sique.

Tarde.
La criminalité comparée. 3ᵉ éd.
Les transformations du droit. 2° éd.

Paulhan.
Les phénomènes affectifs.

Ch. Richet.
Psychologie générale. 2° éd.

Delbœuf.
Matière brute et mat. vivante.

Ch. Féré.
Sensation et mouvement.
Dégénérescence et criminalité. 2" éd.

Vianna de Lima.
L'homme selon le transformisme.

L. Arréat.
La morale dans le drame, l'épopée
et le roman. 2ᵉ édition.
Mémoire et imagination (peintres,
musiciens, poètes et orateurs)

De Roberty.
L'inconnaissable.
L'agnosticisme.
La recherche de l'Unité.
Auguste Comte et Herbert Spencer.

Bertrand.
La psychologie de l'effort

Guyau.
La genèse de l'idée de temps.

Lombroso.
L'anthropologie criminelle. 2° éd.
Nouvelles recherches de psychiatrie
et d'anthropologie criminelle.
Les applications de l'anthropologie
criminelle.

Tissié.
Les rêves, physiologie et pathologie.

Thamin.
Éducation et positivisme.

Sighele.
La foule criminelle.

Pioger.
Le monde physique.

Queyrat.
L'imagination chez l'enfant.
L abstraction, son rôle dans l'édu-
cation intellectuelle.

G. Lyon.
La philosophie de Hobbes.

Wundt.
Hypnotisme et suggestion.

Fonsegrive.
La causalité efficiente.

Th. Ziegler.
La question sociale est une question morale. 2° éd.

Louis Bridel.
Le droit des femmes et le mariage.

G. Danville.
La psychologie de l'amour.

Gust. Le Bon.
Lois psychologiques de l'évolution
des peuples.

G. Dumas.
Les états intellectuels dans la mélancolie.

E. Durkheim.
Les règles de la méthode sociologique.

P.-F. Thomas.
La suggestion, son rôle dans l'éducation intellectuelle.

Mario Pilo.
La psychologie du beau et de l'art.

152 VOLUMES IN-8.

Brochés à 5, 7 50 et 10 fr.; cart. angl., 1 fr. de plus par vol.; reliure, 2 fr.

Barni.
Morale dans la démocratie. 2° éd. 5 fr.

Agassiz.
De l'espèce et des classifications. 5 fr.

Stuart Mill.
La philosophie de Hamilton. 10 fr.
Mes mémoires. 5 fr.
Système de logique déductive et inductive. 3° édit. 2 vol. 20 fr.
Essais sur la Religion. 2° édit. 5 fr.

Herbert Spencer.
Les premiers principes. 10 fr.
Principes de psychologie. 2 vol. 20 fr.
Principes de biologie. 2 vol. 20 fr.
Principes de sociologie. 4 vol. 36 fr. 25
Essais sur le progrès. 5° éd. 7 fr. 50
Essais de politique. 3° éd. 7 fr. 50
Essais scientifiques. 2° éd. 7 fr. 50
De l'éducation physique, intellectuelle et morale. 10° édit. 5 fr.
Introduction à la science sociale. 10° éd. 6 fr.
Les bases de la morale évolutionniste. 5° éd. 6 fr.

Collins.
Résumé de la philosophie de Herbert Spencer. 2° éd. 10 fr.

Auguste Laugel.
Les problèmes. 7 fr. 50

Émile Saigey.
Les sciences au XVII° siècle. La physique de Voltaire. 5 fr.

Paul Janet.
Les causes finales. 3° édit. 10 fr.
Histoire de la science politique dans ses rapports avec la morale. 3° édit. augm., 2 vol. 20 fr.
Victor Cousin et son œuvre. 7 fr. 50

Th. Ribot.
L'hérédité psychologique. 4° édition. 7 fr. 50
La psychologie anglaise contemporaine. 3° éd. 7 fr. 50
La psychologie allemande contemporaine. 2° éd. 7 fr. 50

Alf. Fouillée.
La liberté et le déterminisme. 2° édit. 7 fr. 50
Critique des systèmes de morale contemporains. 3° éd. 7 fr. 50
La morale, l'art et la religion d'après M. Guyau. 2° éd. 3 fr. 75
L'avenir de la metaphysique fondée sur l'expérience. 5 fr.
L'évolutionnisme des idées-forces. 7 fr. 50
La psychologie des idées-forces. 2 vol. 15 fr.

Bain (Alex.).
La logique inductive et déductive. 2° édit. 20 fr.
Les sens et l'intelligence. 3° édit. 10 fr.
L'esprit et le corps. 5° édit. 6 fr.
La science de l'éducation. 7° éd. 6 fr.
Les émotions et la volonté. 10 fr.

Matthew Arnold.
La crise religieuse. 7 fr. 50

Flint.
La philosophie de l'histoire en Allemagne. 7 fr. 50

Liard.
La science positive et la métaphysique. 3° édit. 7 fr. 50
Descartes. 5 fr.

Guyau.
La morale anglaise contemporaine. 3° éd. 7 fr. 50
Les problèmes de l'esthétique contemporaine. 2° éd. 5 fr.
Esquisse d'une morale sans obligation ni sanction. 2° éd. 5 fr.
L'irréligion de l'avenir. 3° éd. 7 fr. 50
L'art au point de vue sociologique. 2° éd. 7 fr. 50
Hérédité et éducation. 2° éd. 5 fr.

Huxley.
Hume, sa vie, sa philosophie. 5 fr.

E. Naville.
La logique de l'hypothèse. 2° éd. 5 fr.
La physique moderne. 2° édit. 5 fr.
La définition de la philosophie. 5 fr.

Et. Vacherot.

Essais de philosophie critique. 7 fr. 50
La religion.   7 fr. 50

Marion.

La solidarité morale. 3ᵉ édit. 5 fr.

Schopenhauer.

Aphorismes sur la sagesse dans la
   vie. 4ᵉ édit.   5 fr.
La quadruple racine du principe
   de la raison suffisante.   5 fr.
Le monde comme volonté et repré-
   sentation. 3 vol.   22 fr. 50

James Sully.

Le pessimisme. 2ᵉ éd.   7 fr. 50

Buchner.

Science et nature. 2ᵉ édition. 7 fr. 50

Egger (V.).

La parole intérieure.   5 fr.

Louis Ferri.

La psychologie de l'association, depuis Hobbes.   7 fr. 50

Maudsley.

La pathologie de l'esprit.   10 fr.

Séailles.

Essai sur le génie dans l'art.   5 fr.

Ch. Richet.

L'homme et l'intelligence. 2ᵉ édit.
                                 10 fr.

Preyer.

Éléments de physiologie.   5 fr.
L'âme de l'enfant.   10 fr.

Wundt.

Éléments de psychologie physiologique. 2 vol., avec fig.   20 fr.

Ad. Franck.

La philosophie du droit civil. 5 fr.

Clay.

L'alternative. Contribution à la psychologie. 2ᵉ éd.   10 fr.

Bernard Perez.

Les trois premières années de l'en-
   fant. 5ᵉ édit.   5 fr.
L'enfant de trois à sept ans. 3ᵉ éd.
                                 5 fr.
L'éducation morale dès le berceau.
   2ᵉ édit.   5 fr.
L'art et la poésie chez l'enfant. 5 fr.
Le caractère, de l'enfant à l'homme.
                                 5 fr.

Lombroso.

L'homme criminel.   10 fr.
   Atlas pour accompagner L'homme
   criminel.   12 fr.
L'homme de génie, avec 11 pl. 10 fr.
Le crime politique et les révolutions
   (en collaboration avec M. Laschi).
   2 vol.   15 fr.

Sergi.

La psychologie physiologique, avec
   40 fig.   7 fr. 50

Ludov. Carrau.

La philosophie religieuse en Angleterre, depuis Locke.   5 fr.

Piderit.

La mimique et la physiognomonie,
   avec 95 fig.   5 fr.

Fonsegrive.

Le libre arbitre, sa théorie, son
   histoire.   10 fr.

Roberty (E. de).

L'ancienne et la nouvelle philosophie.   7 fr. 50
La philosophie du siècle.   5 fr.

Garofalo.

La criminologie. 3ᵉ édit.   7 fr. 50

G. Lyon.

L'idéalisme en Angleterre au XVIIIᵉ
   siècle.   7 fr. 50

Souriau.

L'esthétique du mouvement.   5 fr.
La suggestion dans l'art.   5 fr.

Fr. Paulhan.

L'activité mentale et les éléments
   de l'Esprit.   10 fr.
Les caractères.   5 fr.

Barthélemy-Saint Hilaire.

La philosophie dans ses rapports
   avec les sciences et la religion. 5 fr.

Pierre Janet.

L'automatisme psychologique.
   2ᵉ édit.   7 fr. 50

Bergson.

Essai sur les données immédiates
   de la conscience.   3 fr. 75

E. de Laveleye.

De la propriété et de ses formes
   primitives. 4ᵉ édit.   10 fr.
Le gouvernement dans la démocratie. 2ᵉ éd., 2 vol.   15 fr

Ricardou.
De l'idéal. 5 fr.

Sollier.
Psychologie de l'idiot et de l'imbécile. 5 fr.

Romanes.
L'évolution mentale chez l'homme.
7 fr. 50

Pillon.
L'année philosophique. 5 vol. 1890, 1891, 1892, 1893 et 1894. Chacun séparément. 5 fr.

Rauh.
Le fondement métaphysique de la morale. 5 fr.

Picavet.
Les idéologues. 10 fr.

Gurney, Myers et Podmore
Les hallucinations télépathiques.
2e éd. 7 fr. 50.

Jaurès.
De la réalité du monde sensible.
7 fr. 50

Arréat.
Psychologie du peintre. 5 fr.

L. Proal.
Le crime et la peine. 2e éd. 10 fr.
La criminalité politique. 5 fr.

G. Hirth.
Physiologie de l'art. 5 fr.

Dewaule.
Condillac et la psychologie anglaise contemporaine. 5 fr.

Bourdon.
L'expression des émotions et des tendances dans le langage. 5 fr.

L. Bourdeau.
Le problème de la mort. 7 fr. 50

Novicow.
Les luttes entre sociétés humaines.
10 fr.
Les gaspillages des sociétés modernes. 5 fr.

Durkheim.
De la division du travail social.
7 fr. 50

Payot.
L'éducation de la volonté. 2e édit.
5 fr.

Ch. Adam.
La philosophie en France (première moitié du xixe siècle). 7 fr. 50

H. Oldenberg.
Le Bouddha, sa vie, sa doctrine, sa communauté. 7 fr. 50

V. Delbos.
Le problème moral dans la philosophie de Spinoza et dans le Spinozisme. 10 fr.

M. Blondel.
L'action, essai d'une critique de la vie et d'une science de la pratique. 7 fr. 50

J. Pioger.
La vie et la pensée. 5 fr.
La vie sociale, la morale et le progrès. 5 fr.

Max Nordau.
Dégénérescence. 2 vol. 17 fr. 50

P. Aubry.
La contagion du meurtre. 2e édit.
5 fr.

G. Milhaud.
Les conditions et les limites de la certitude logique. 3 fr. 75

Brunschvicg.
Spinoza. 3 fr. 75

A. Godfernaux.
Le sentiment et la pensée. 5 fr.

Em. Boirac.
L'idée du phénomène. 5 fr.

L. Lévy-Bruhl.
La philosophie de Jacobi. 5 fr

Fr. Martin.
La perception extérieure et la science positive. 5 fr.

G. Ferrero.
Les lois psychologiques du symbolisme. 5 fr.

B. Conta.
Théorie de l'ondulation universelle.
3 fr. 75

G. Tarde.
La logique sociale. 7 fr. 50

G. de Greef.
Le transformisme social. 7 fr. 50

Crépieux-Jamin.
L'écriture et le caractère. 7 fr. 50

J. Izoulet.
La cité moderne. 10 fr.

Coulommiers. — Imp. PAUL BRODARD.